Entdecken und Verstehen 2

Arbeitsheft für Geschichte

Vom frühen Mittelalter
bis zur Neuzeit

erarbeitet von
Dr. Hagen Schneider

Inhaltsverzeichnis

3. Die Stadt und ihre Bürger 38

4. Neues Denken – Neue Welt 58

Glaube und Herrschaft

Im Frühen Mittelalter verkündeten Mönche das Evangelium nördlich der Alpen. Sie bekehrten zahlreiche Fürsten. Die „einfachen Leute" hielten jedoch noch lange an ihrem heidnischen Glauben fest.

Das Christentum wurde nicht nur mit der Bibel, sondern auch mit dem Schwert verbreitet. Auf dem fränkischen Grabstein (links oben) ist Christus mit einem Heiligenschein zu sehen. In der rechten Hand trägt er eine Lanze, mit der er das Böse bekämpft.

496 n. Chr. – Chlodwig gründet das Frankenreich.

ab 722 – Bonifatius u. a. Prediger missionieren die Germanen.

um 800 – Beginn der Wikingerzüge

800 – Karl der Große wird vom Papst zum Kaiser gekrön

Mittelalter

Bete und arbeite!

Einige Christen zogen in die Einöde, um ihr Leben Gott zu weihen. Der Ägypter Antonius (3. Jahrhundert) z. B. ließ sich in einer Höhle am Rande der Wüste nieder. Männer wie Antonius nennt man Mönche (= allein lebend). Einige Mönche schlossen sich zu Gruppen zusammen, zu christlichen Orden, die in Klöstern wohnten.

1. *Berühmt ist der Orden des Benedikts. Sein Wahlspruch lautete: „Bete und arbeite!" Wer den Benediktinern beitreten wollte, versprach:*
• ehelos zu bleiben, • zweimal am Tag zu duschen, • viermal in der Woche zu fasten, • dem Oberhaupt des Klosters, dem Abt, zu gehorchen, • auf Besitz zu verzichten.
Zwei Sätze sind falsch. Streiche sie durch und gib eine kurze Begründung.

____

____

____

____

M1 Ein Mönch. Jugendbuchillustration.

M2 Eine Historikerin schreibt über die Mönche:
Die Mönche kopierten die Werke römischer Schriftsteller. Sie webten ihre Gewänder, kelterten Wein und waren ihre eigenen Maurer und Zimmerleute. „Sie vermittelten diese nützlichen Künste den Menschen der umliegenden Landstriche."

Zit. n. Anne Fremantle, Zeitalter des Glaubens, Amsterdam 1977, S. 34.

2. *Erläutere mithilfe von M2 und M3 den Satz: Die Klöster waren religiöse, wirtschaftliche und kulturelle Mittelpunkte eines Landes.*

____

____

____

____

M3 Schreibstube. Jugendbuchillustration.

ab 840	*919*	*962*	*ab 1075*
			Hochmittelalter
▸ Das Frankenreich zerfällt.	▸ Herzog Heinrich von Sachsen wird erster deutscher König.	▸ Otto I. wird vom Papst zum Kaiser gekrönt.	▸ Investiturstreit zwischen Kaiser und Papst

Kunstvolle Initialen

Jedes größere Kloster hatte eine Schreibstube. Dort saßen Mönche und schrieben stundenlang Bücher ab, ohne ein Wort miteinander zu wechseln. Häufig verzierten sie die Initiale, den ersten Buchstaben eines Kapitels.

1. *Male das „B" aus.*

M1 Initiale. Zeichnung nach einer mittelalterlichen Vorlage.

2. *Entwirf eine Initiale für deinen Vornamen.*

Ich taufe dich ...

Im Jahr 722 beauftragte der Papst den englischen Mönch Winfried, die Germanen rechts des Rheins zum Christentum zu bekehren. Winfried missionierte erfolgreich. Daher bekam er den Namen Bonifatius (= „der es gut macht").

M1 Ein heidnischer Fürst wird getauft. Jugendbuchillustration.

1. *Über die Christianisierung germanischer Stämme informiert der Lückentext. Setze die folgenden Wörter richtig ein: Äbten, Dorfbewohner, Fass, Franken, Fürsten, Gallien, Glauben, politischen, Reich, Religion, Taufe, Zusammenhalt.*

Der Bischof tauft einen germanischen ______________ . Als Taufbecken dient ein ______________ mit Eisenbeschlägen. Die heidnischen ______________ schauen zu. Die Fürsten traten aus religiösen, aber häufiger noch aus ______________ Gründen zum Christentum über. Der Frankenkönig Chlodwig z. B. vertrieb im 5. Jh. den römischen Statthalter aus ______________ . Er regierte nun über ein Volk, das aus Christen und aus Heiden bestand. Nach seiner ______________ sorgte er dafür, dass die heidnischen ______________ ebenfalls den christlichen ______________ annahmen. Denn er wusste, eine einheitliche ______________ stärkte den ______________ seines Volkes. Außerdem hatte er mit Bischöfen und ______________ tüchtige „Beamte", die ihm halfen, sein ______________ zu verwalten.

M2 Tod des Bonifatius. Jugendbuchillustration.

2. *Nicht immer war die Bekehrung erfolgreich. Schildere mithilfe von M2, wie es dem achtzigjährigen Bonifatius bei den Friesen erging.*

____

Und willst du nicht mein Bruder sein

Der bedeutendste Herrscher der Franken war Karl, der schon zu Lebzeiten den Ehrennamen „der Große" erhielt. Er regierte von 768 bis 814. Fast jedes Jahr zog der König in den Krieg. Drei Jahrzehnte dauerte es, bis er die heidnischen Sachsen unterworfen hatte.

M1 Angriff fränkischer Reiter. Jugendbuchillustration.

1. *Betrachte M1. Die gepanzerten Reiter sitzen dank der Steigbügel fest im Sattel. Kreise die Steigbügel ein.*

2. *Karl zwang die Sachsen, zum Christentum überzutreten. Manche Historiker bezeichnen sein Vorgehen als „Taufe mit dem Schwert". Erläutere die Redensart.*

___

___

3. *Warum legte Karl der Große Wert darauf, die Sachsen zu christianisieren?*

___

___

___

M2 Karl der Große in Rom, Weihnachten im Jahr 800. Jugendbuchillustration.

4. *Karl war der mächtigste Herrscher Europas. Schildere mithilfe von M2, was passierte, als er zu Weihnachten des Jahres 800 in Rom weilte.*

___

___

Ein Herrscher auf Reisen

Die fränkischen Könige hatten keine Hauptstadt, von der aus sie das Reich regierten. Karl der Große war daher viel unterwegs, um überall nach dem Rechten zu sehen. Unterkunft fanden er und sein Gefolge in Königshöfen oder Pfalzen. Zu Karls Lieblingspfalzen zählten Aachen, Ingelheim und Diedenhofen.

M1 Königliche Hofämter. Schaubild.

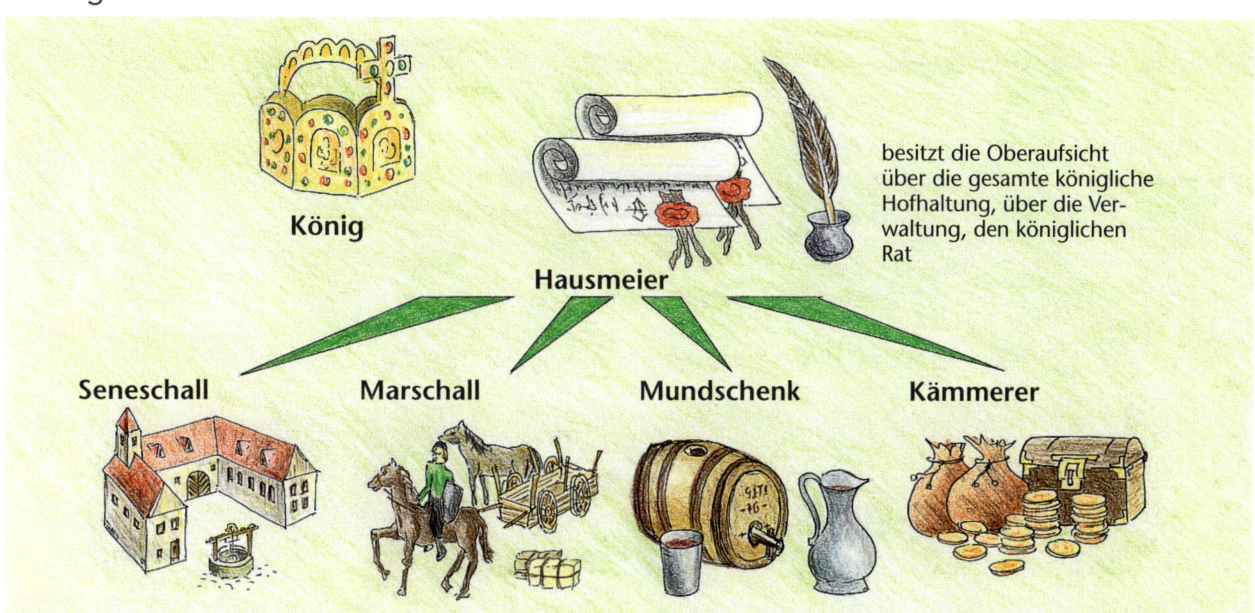

1. *Ordne den Helfern des Königs die folgenden Tätigkeiten zu: • zuständig für die Versorgung mit Getränken, vor allem mit Wein; • verantwortlich für die Pferdeställe und das berittene Gefolge; • zuständig für die Finanzen; • verantwortlich für den Haushalt des königlichen Hofes.*

Seneschall: ______________________________

Marschall: ______________________________

Mundschenk: ______________________________

Kämmerer: ______________________________

2. *Unter Karls Enkeln zerfiel das Reich. Es bildeten sich das Ostfränkische Reich, das Westfränkische Reich, das Königreich Italien sowie Niederburgund im Süden und Hochburgund. Trage die Namen in die Karte ein.*

3. *Welche Staaten gingen aus dem Ostfränkischen und dem Westfränkischen Reich hervor?*

____

____

M2 Zerfall des Frankenreichs, 2. Hälfte des 9. Jahrhunderts.

Deine Feinde sind meine Feinde

Ein Adliger war mit seinem König in den Krieg gezogen. Für seine Dienste wurde er mit Feldern, Wiesen und Wäldern belohnt. Diese Gebiete erhielt er nicht geschenkt, er durfte sie lediglich nutzen. Bei seinem Tode fielen sie an die Krone zurück.
Ein kurzer Ausflug in die „Fachwörterei": Das geliehene Land heißt „Lehen". Der König als „Lehnsherr" gibt das „Lehen" seinem „Lehnsmann", zu dem man auch „Vasall" sagt. „Lehen" heißt auf lateinisch „feudum". Ein anderes Wort für „Lehnsordnung" ist daher „Feudalismus".

1. *Ein anderes Wort für Feudalherr ist* .

M1 Szene aus dem Sachsenspiegel, 14. Jahrhundert.

2. *Lies das Bild M1 von rechts nach links und trage die folgenden Zahlen darauf ein.*

Der König (1) verlangt von seinem Vasallen (2), sich innerhalb von sechs (3) Wochen beim Heer einzufinden. Der Vasall (2) fordert das Gleiche von seinem Lehnsmann (4). (Lehen wurden also teilweise weitergegeben.) Wichtig: Der Lehnsmann war nur seinem Herrn Gehorsam schuldig.

M2 Das Lehnswesen. Schaubild.

3. *Erläutere mithilfe des Schaubilds M2:*
   a) *Was sind Kronvasallen?*

   ____

   b) *Was sind Untervasallen?*

   ____

   c) *Es wurden nicht nur Ländereien verliehen, sondern auch* ____________________ .

   d) *In Frankreich gab es einen „Treuevorbehalt gegen den König". Was bedeutet das?*

   ____

   ____

4. *Die Lehnsvergabe (siehe M3) war sehr feierlich. Der Vasall kniete nieder und legte seine Hände in die seines Herrn. Dann schwor man sich gegenseitig Treue: „Deine Feinde sind meine Feinde, deine Freunde sind meine Freunde. Ich will dir die Treue halten und da sein, wenn du mich brauchst."*
   Spielt die Lehnsvergabe.

5. *Male das Bild M3 bunt.*

M3 Lehnsvergabe. Zeichnung aus dem Sachsenspiegel, 14. Jahrhundert.

Die Wikinger kommen

Ein günstiges Klima und andere Gründe ließen in Skandinavien die Bevölkerung stark anwachsen. Viele „Nordmänner" verließen daher ihre Heimat und suchten ihr Glück in der Fremde. Die Wikinger – wie sie auch genannt werden – waren Räuber, Eroberer, Staatsgründer, Händler und Entdecker.

1. *Der Lückentext informiert über das Drachenboot der Wikinger. Setze die Wörter richtig ein: Drachenboot, Land, Mitte, Personen, Ruderplätze, Segel.*

Das ______________________ war durchschnittlich

20 Meter lang und in der ___________ 5 Meter breit.

Unter großem ___________ legte es stündlich bis zu

20 Kilometer zurück. Es hatte 30 _________________

und fasste bis zu 100 _____________. Es war flink

und wendig. Notfalls konnte es über ____________

gezogen werden.

M1 Drachenboot der Wikinger. Jugendbuchillustration.

2. *Die Buchstaben hinter der richtigen Antwort ergeben das Lösungswort. (Die Materialien M1 – M4 helfen dir.)*

a) *Die Wikinger kamen aus Dänemark, Schweden und Norwegen.*
Ja (D)   Nein (K)

b) *Mit ihren schnellen Booten wagten sie sich hinaus aufs offene Meer.*
Ja (R)   Nein (O)

c) *Die Drachenköpfe am Bug der Schiffe sollten vor bösen Geistern schützen.*
Ja (A)   Nein (N)

d) *Die Nordmänner bzw. Normannen kämpften oft wie Berserker und plünderten zahlreiche Städte und Klöster.*
Ja (C)   Nein (S)

e) *In Spanien errichteten sie zahlreiche Stützpunkte und besetzten Teile des Landes.*
Ja (T)   Nein (H)

M2 Die Wikinger, 9.–11. Jahrhundert.

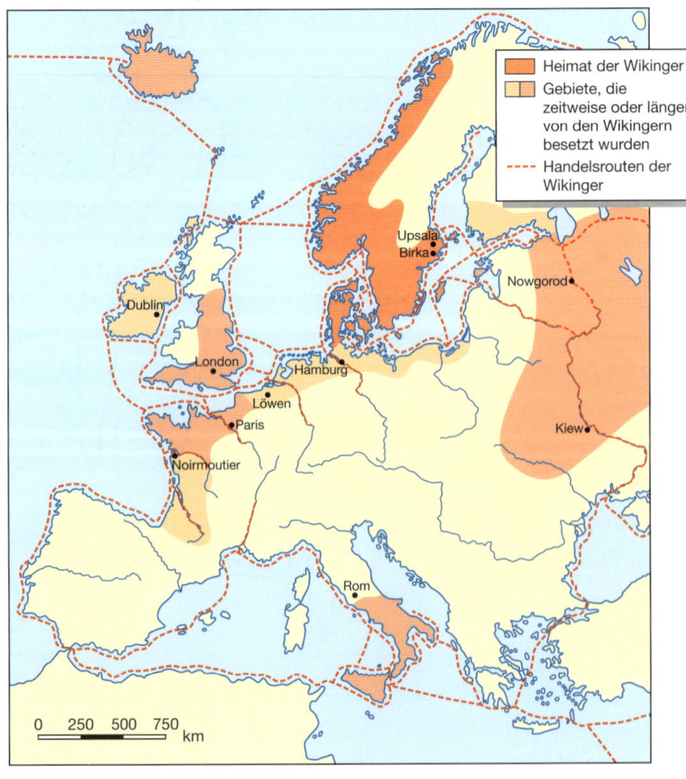

f) *Auf hoher See wies ihnen ein einfacher Kompass die Richtung.*
Ja (A) Nein (E)

g) *Die Wikinger ließen sich in Süditalien nieder und unternahmen Plünderungszüge nach Nordafrika.*
Ja (N) Nein (M)

h) Die Normandie im nördlichen Frankreich hat ihren Namen von den Wikingern.
Ja (S) Nein (T)

i) *Überall, wo sie landeten, verbreiteten die Wikinger das Christentum.*
Ja (I) Nein (C)

j) *In Nowgorod (Russland) tauschten sie mit Händlern aus anderen Ländern Felle, Häute und Bernstein.*
Ja (H) Nein (N)

k) *Dafür erwarben sie Musketen und leichte Kanonen, die in Skandinavien sehr begehrt waren.*
Ja (O) Nein (I)

l) *Trotz zahlenmäßiger Unterlegenheit eroberten sie Byzanz, die Hauptstadt des Oströmischen Reiches.*
Ja (P) Nein (F)

m) *Die Wikinger „entdeckten" Amerika und gründeten dort Siedlungen.*
Ja (F) Nein (E)

n) *Mit den Indianern lebten sie in friedlicher Nachbarschaft.*
Ja (L) Nein (E)

Das Lösungswort heißt: __ __ __ __ __ __ __ __ __ __ __ __ __ __ __

M3 ____________________

M4 ____________________

M5 ____________________

3. *Suche für die Bilder (Jugendbuchillustrationen) auf dieser Seite jeweils eine Titelzeile.*
4. *Einige Schreckensberichte über die Wikinger, die aus der Feder von Priestern stammen, sind maßlos übertrieben. Warum?*

____

____

Wer ist mächtiger: Kaiser oder Papst?

Seit Otto dem Großen (936–973) setzten deutschen Könige Bischöfe und Äbte ein. Ob diese ein frommes Leben führten, war ihnen nicht so wichtig. Hauptsache, sie waren zuverlässig und halfen bei der Verwaltung des Landes.

1. *Warum missfiel es den Päpsten, wenn weltliche Herren Bischöfe einsetzten?*

___

___

2. *Papst Gregor VII. sagte, nur der Papst habe das Recht, Bischöfe zu weihen. Erkläre, warum der König dagegen protestierte.*

___

___

3. *Papst und König verfolgten rücksichtslos ihre Interessen. Betrachte die Buchmalerei M1.*

a) *Welche Möglichkeit hatte der König? (Von links nach rechts siehst du folgende Personen: Papst Johannes XII., einen Krieger, Otto den Großen, Papst Leo VII. und einen Geistlichen).*

___

___

M1 Buchmalerei, 11. Jahrhundert.

b) *Die schärfste Waffe des Papstes war der Bann. So verkündete Papst Gregor: Ich schließe König Heinrich aus der Kirche aus. Keiner braucht den Eid zu halten, den er dem König geschworen hat. Warum war der Bann für den König so bedrohlich (s. S. 10)?*

___

___

4. *Der Machtkampf endete 1122 mit einem Kompromiss. In Worms schlossen Papst und König ein Konkordat (= Vertrag zwischen Kirche und Staat). Der Bischof erhielt nun die Herrschaftsrechte vom König und die Weihe vom Papst (s. M2). Doch wer wählte den Bischof?*

___

M2 Ergebnis des Wormser Konkordats. Schaubild.

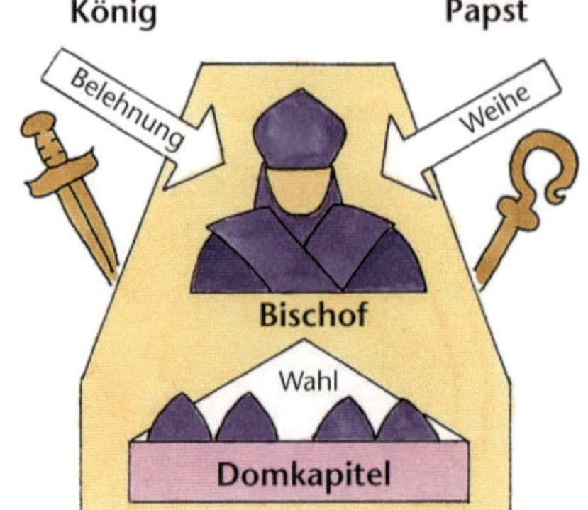

Ich bin dann mal weg!

Im Mittelalter unternahmen viele Männer und Frauen eine Pilgerfahrt. Nach Rom und Jerusalem war Santiago de Compostela im Nordwesten Spaniens der bekannteste Wallfahrtsort.

M1 Pilger auf Wallfahrt. Jugendbuchillustration.

1. *Was erhofften sich die Menschen von einer Pilgerfahrt?*

____

____

2. *Warum sich Pilger, die auf dem Weg nach Santiago de Compostela waren, eine Muschel an die Kleidung hefteten, verrät der Lückentext. Setze die folgenden Wörter richtig ein: Erkennungszeichen, Fluten, Gebeine, Legende, Meer, Muscheln, Pilger, Reiter, Trinkgefäß.*

Nach der ______________ rettete der heilige Jakobus, dessen ______________ in Santiago de Compostela ruhen, einen ______________, der ins ______________ gestürzt war. Als er den Unglücklichen aus den ______________ zog, war dieser überall mit ______________ bedeckt. Die Jakobsmuschel wurde das ______________________ der ______________ . Oftmals wurde sie auch als ______________ benutzt.

König, Herzog, Bischof

König Otto I. (936–973) hat große Probleme mit den aufsässigen Herzögen.

M1 Ein Schriftsteller erzählt:

Der König kicherte. „Mein Vater ist noch kein Jahr tot, und schon ranken sich Legenden um seine Krönung. Beim Vogelfangen soll er gewesen sein. Wie er nämlich da so saß, heißt es, und auf einen guten Fang wartete, seien plötzlich die Fürsten herbeigeritten, von den Pferden herabgesprungen, vor ihm auf die Knie gesunken und hätten gesagt: ‚Herr, du sollst unser König sein!'" Jetzt musste auch Abt Fulrad lachen.
„Eure Schwierigkeiten dagegen …",
„… sind auch nicht größer als die, die mein Vater hatte. Ich denke gar nicht daran, lange zu verhandeln und große Zugeständnisse zu machen. Ich werde durchgreifen! Hart und schnell!"
„Darf ich mir die Frage erlauben, wie Ihr das bewerkstelligen wollt?", erkundigte sich der Abt höflich.
„Ganz einfach, lieber Abt", erklärte der König. „Ich werde diese ganzen Stammesherzöge für abgesetzt erklären und statt dessen vertrauenswürdige Mitglieder meiner eigenen Familie einsetzen. Den neuen Herzögen werde ich klarmachen, dass sie nichts weiter sind als königliche Amtsträger, und schon habe ich drei Fliegen mit einem Schlag erledigt: Die Stämme folgen bei Fuß, meine Verwandtschaft ist glücklich, das Königtum ist gestärkt."
Der König schwieg. Nach einiger Zeit fragte er: „Warum sagt Ihr nichts? Überzeugt Euch mein Plan nicht?"
„Nun, Herr", begann der Abt vorsichtig, denn der König war für sein cholerisches Temperament berüchtigt, „ich meine in der Tat, dass der Erfolg Eures Vorgehens eher zweifelhaft erscheint …".
„Wieso?", fuhr der König auf.
„Nun, Herr", meinte Fulrad, „es ist noch lange nicht gesagt, dass ein Verwandter auch ein treuer Freund ist. Denkt nur an die Söhne Ludwigs des Frommen, die sich bis aufs Blut bekriegt haben. Woher nehmt Ihr die Gewissheit, dass Eure Verwandten ihr Amt nicht schon nach kurzer Zeit als Eigen betrachten? Ich sage Euch voraus, dass sie ihr Herzogsamt als etwas ansehen, das ihnen selbstverständlich und unwiderrufbar zusteht. So sind die Menschen nun mal, und Verwandte besonders."
„Ach was!", rief der König. „Ihr seid ein alter Schwarzseher! Im Übrigen – hättet Ihr denn etwas Besseres vorzuschlagen?" „Ja, in aller Bescheidenheit, Herr, das hätte ich." „Und was?"
„Ich, an Eurer Stelle, würde mich stärker auf die Kirche stützen. Ich würde Äbte und Bischöfe in der Verwaltung des Reiches einsetzen. Ein Bischof oder Abt wird ein Amt niemals als erbliches Lehen beanspruchen, denn er ist ehelos, hat also zumindest keine legitimen Kinder."
„Wer sagt Euch, dass ein Geistlicher nicht ein Amt auf ewig für die Kirche sichern will? Was wäre da der Unterschied zum erblichen Lehen? Wem wollt Ihr als Geistlicher, wenn es darauf ankommt, eher Gehorsam leisten, dem Herrn Papst oder dem König? Nein, nein, wir machen es lieber auf meine Weise!"
Damit erhob sich der König und verließ den Raum. Für ihn war das Thema abgeschlossen.
Abt Fulrad lächelte. Er dachte darüber anders. Mochte der König ruhig versuchen, sich auf die Mitglieder seiner Familie zu stützen. Er würde sehr bald Schiffbruch damit erleiden. Und dann würde er sich an die Worte seines Ratgebers erinnern.
Fulrad hob den Blick. „Eines Tages wirst du ihn erleuchten, o Herr!" flüsterte er. „Eines Tages wird er auf mich hören!"

Erzählt nach Harald Parigger, Geschichte erzählt, Von der Antike bis zum 20. Jahrhundert, Frankfurt a. M. 1994, S. 164 ff.

1. *Lest den Text mit verteilten Rollen: Erzähler, König Otto und Abt Fulrad.*

M2 Fürsten, Geistliche und Bauern im Mittelalter. Jugendbuchillustration.

2. *Wie will der König gegen die aufsässigen Herzöge vorgehen?*

____

____

3. *Was erwartet der König von seinen Verwandten, wenn er sie zu Herzögen gemacht hat?*

____

____

4. *Welchen Plan unterbreitet der Abt dem König?*

____

____

5. *Was spricht für den Plan des Abts?*

____

6. *Welche Gefahr sieht der König im Plan des Abts?*

____

____

Kirchen, massiv wie Burgen

Zwischen 950 und 1250 wurden überall in Europa christliche Kirchen gebaut. Trotz großer Unterschiede haben sie gemeinsame Merkmale. Typisch sind dicke Mauern und zahlreiche Rundbögen, die an römische Bauwerke erinnern. Daher bezeichnet man den Stil als Romanik.

1. *Die romanische Kirche ist ein klar gegliederter Bau. Sie besteht aus einem Längs- oder Mittelschiff, einem Querschiff und zwei Seitenschiffen. In der Vierung treffen sich Mittel- und Querschiff. Hinter dem Altar liegt der Chor mit der halbrunden Apsis. Schreibe die unterstrichenen Wörter hinter die richtigen Buchstaben.*

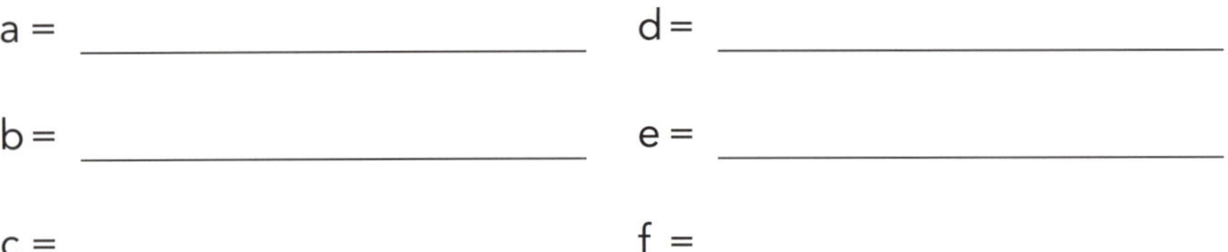

a = ____________ d = ____________

b = ____________ e = ____________

c = ____________ f = ____________

M1 Grundriss einer romanischen Kirche.

2. *Typisch für eine romanische Kirche sind Würfelkapitell, Tonnengewölbe und Kreuzgewölbe. Schreibe die Namen unter die Zeichnungen.*

M2 Bauteile romanischer Kirchen.

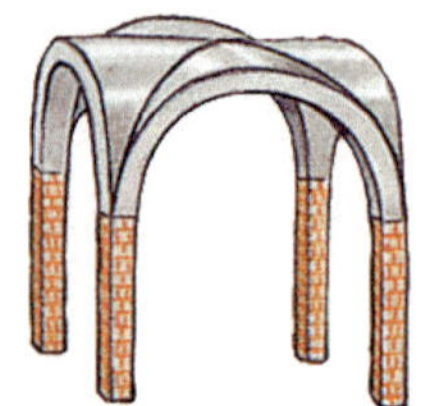

____________ ____________ ____________

Kapitell: oberstes Teil bei Säulen und Pfeilern

3. *Weshalb flüchteten die Dorfbewohner in Kriegszeiten in die Kirche?*

____

____

4. *Die romanische Kirche besteht aus vielen geometrischen Körpern. Welche entdeckst du auf dem Foto der Stiftskirche St. Cyriakus?*

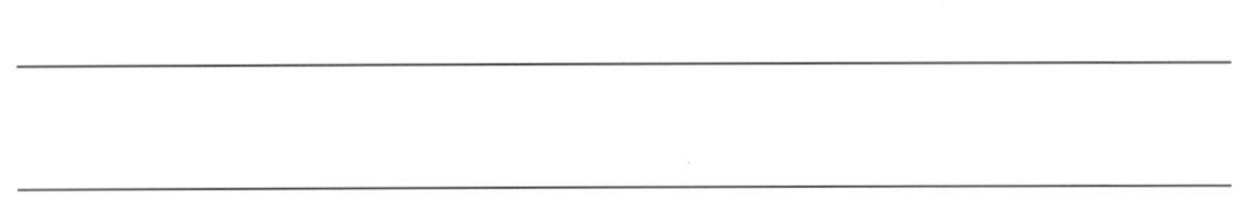

____

____

____

M3 Stiftskirche St. Cyriakus in Gernrode. Foto.

Fragen und Antworten

1. *Löse das Silbenrätsel. Die Zahl am Ende der Zeile nennt den Buchstaben für das Lösungswort, den du unten in das Kästchen einträgst.*

a – Be – Bi – che – Chlod – da – dat – dik – Feu – ger – I – kin – Kon – kor – le – lis – ma – Mön – mus – ne – ner – ni – nik – Ro – schof – ti – ti – sall – Va – Wi – wig

a) Christlicher Orden (1) ____________________

b) Fränkischer König (4) ____________________

c) Mitglieder eines Ordens, s. Bild (3) ____________________

d) Normannen (2) ____________________

e) Hoher Geistlicher (7) ____________________

f) Baustil (4) ____________________

g) Vertrag zwischen Staat und Kirche (9) ____________________

h) Anfangsbuchstabe (1) ____________________

i) Lehnsordnung (3) ____________________

j) Lehnsmann, s. Bild (3) ____________________

Lösungswort:

a	b	c	d	e	f	g	h	i	j

Ritter und Bauern

Zog ein Adliger in den Kampf, begleiteten ihn schwer bewaffnete Panzerreiter. Diese Ritter erhielten für ihre Dienste oftmals ein Lehen. Zusammen mit dem niederen Adel bildeten sie den Ritterstand.
Viele Bauern waren unfrei. Sie mussten ihrem Herrn einen Teil der Ernte abgeben und unentgeltlich auf dessen Hof arbeiten. Ihre Hütten waren einfach; ihr Alltag bot wenig Abwechslung. Dennoch: Auch in der Landwirtschaft gab es erhebliche Veränderungen.

800–1000 — *950–1250* — *um 1000*

Mittelalter

- 800–1000: Bauern werden von Grundherren abhängig.
- 950–1250: Kunststil der Romanik
- um 1000: Dreifelderwirtschaft setzt sich durch

Ritter im Kampf

Ritter waren Kampfmaschinen. Kaum einer konnte sie aufhalten. Die eiserne Rüstung, die oftmals 50 Kilogramm wog, schützte sie vor Hieben und Stichen.

1. *Wie versuchen die Fußsoldaten, den Angriff der Ritter abzuwehren?*

____

____

____

____

____

M1 Kampfgetümmel. Jugendbuchillustration.

M2 Ritterrüstung. Zeichnung.

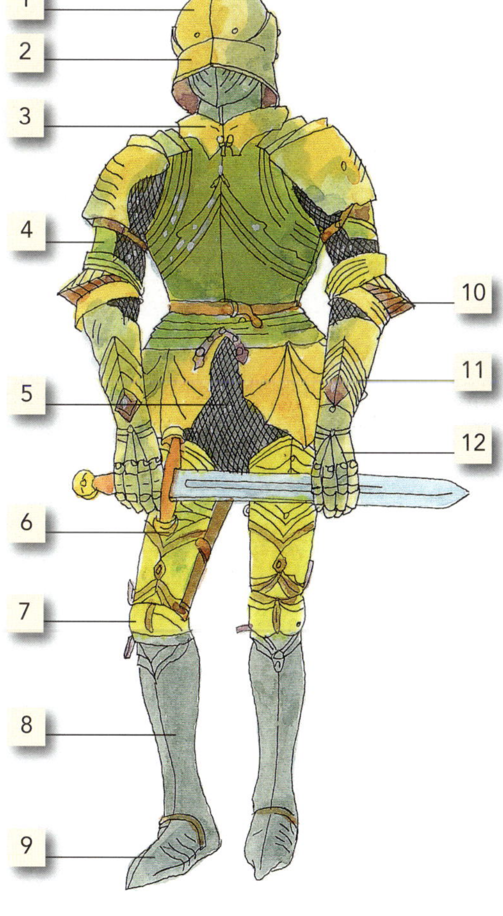

2. *Die Rüstung ist ein handwerkliches Meisterstück. Um sie anzulegen, musste ein Knappe dem Ritter helfen. Trage die Zahlen richtig in die Kästchen ein.*

☐ Armkachel	☐ Halsberge	☐ Kniebuckel
☐ Schnabelschuh	☐ Helm	☐ Panzerhandschuh
☐ Schenkelstück	☐ Brustharnisch	☐ Panzerschutz
☐ Beinhöhe	☐ Visier	☐ Unterarmschiene

3. *Aus der Ritterzeit stammen viele Redewendungen. „Pech haben" bedeutete früher „mit heißem Pech begossen werden" und heute „kein Glück haben". Nenne die frühere und heutige Bedeutung von*

a) *gut gerüstet sein:* ______________________________

____

b) *fest im Sattel sitzen:* ______________________________

____

1095	*ab 1200*	*um 1200*	*um 1200*
Hochmittelalter			
• Aufruf Papst Urbans zum Kreuzzug	▸ Zeit der Ritter	▸ Beginn der deutschen Ostsiedlung	• Erfindung der Windmühle

Wehrhafte Burgen

Wohlhabende Ritter lebten auf einer Burg, die geschützt auf einem Hügel lag oder – im Flachland – auf einer Insel. Die Burg war ein kleiner Ort für sich mit Wohnhäusern, Ställen und Verteidigungsanlagen.

M1 Mittelalterliche Burganlage. Zeichnung.

1. *Ein Rundgang: Die Zugbrücke wird herabgelassen. Am zweiten Tor müssen wir einen Augenblick warten. Das Fallgitter wird gerade hochgezogen. Über uns befindet sich eine „Pechnase". Von dort hat man heißes Pech oder Öl auf die Feinde gegossen. Wir schlendern den Wehrgang entlang. Seine Zinnen sehen aus wie die Zähne eines Reißverschlusses. Die Wachtürme haben Schießscharten. Wir gehen am Brunnen vorbei zum Bergfried. Dahinter befinden sich Ställe und Wohngebäude. Im Palas mit der Kapelle hat der Ritter mit seiner Familie gewohnt. Von dort gelangen wir über den Burggraben wieder auf die Straße.*
Schreibe mithilfe des Textes die entsprechenden Teile der Burganlage (unterstrichene Wörter) hinter die Zahlen.

1	______________________	7	______________________
2	______________________	8	______________________
3	______________________	9	______________________
4	______________________	10	______________________
5	______________________	11	______________________
6	______________________	12	______________________

Burgen, feucht und kalt

In Romanen und Filmen wird das Leben auf mittelalterlichen Burgen oft verherrlicht. Die Wirklichkeit sah anders aus.

1. *Wie es auf einer mittelalterlichen Burg zuging, schildert der Lückentext. Setze die folgenden Wörter richtig ein: Bettvorhänge, Burg, Kamine, Laute, Ritter, Winterabenden, Zugluft.*

Das Leben auf der __________ war im Winter oft unerträglich. Nur im Rittersaal und im Frauengemach spendeten ________________ zeitweilig Wärme. Nachts schützten ____________________________ die Schlafenden vor ________________. An den langen __________________ gab es nicht viel Abwechslung. Froh war man, wenn ein _______________ vorbeikam, Neuigkeiten erzählte, zur _______________ sang oder ein Gedicht vortrug.

M1 Leben in einer mittelalterlichen Burg. Rekonstruktion.

2. *Versuche, das Gedicht aus damaliger Zeit in modernes Deutsch zu übertragen.*

Du bist mîn, ich bin dîn, ____________________
des solt dû gewis sîn; ____________________
dû bist beslozzen ____________________
in mînem Herzen; ____________________
verlorn ist daz slüzzelîn; ____________________
dû muost immer drinne sîn. ____________________

Wappen

Damit die Ritter in der Schlacht Freund und Feind unterscheiden konnten, trugen sie auf Schild und Waffenrock ein Wappen. Zunächst hatten nur adlige Familien ein Wappen, später auch Städte, Orden, Staaten und Zünfte (= Zusammenschluss von Handwerkern desselben Gewerbes).

1. *Schreibe unter die Wappen die richtigen Namen (unterstrichen): Bundeswappen, Jerusalemkreuz des Ritterordens vom Heiligen Grab, Wappen der Stadt München, Wappen der Müllerzunft.*

2. *Entwirf ein eigenes Wappen.*

Das Burgfräulein und ihr Ritter

Die Töchter der Ritter wurden häufig auf fremden Burgen erzogen. Dort lernten sie lesen, schreiben und das Saitenspiel. Nach ihrer Heirat kümmerten sie sich um die Kinder und das Personal. Wenn der Ritter in den Krieg zog, hatten alle der „Burgherrin" zu gehorchen.

M1 Turnier. Buchmalerei aus der Manessischen Liederhandschrift, 14. Jahrhundert.

☞ ______________________

☞ ______________________

☞ ______________________

☞ ______________________

☞ ______________________

☞ ______________________

☞ ______________________

☞ ______________________

☞ ______________________

☞ ______________________

☞ ______________________

1. *Gern schauten die Damen einem Turnier zu. Auf dem Bild siehst du den Sieger, Heinrich IV. von Breslau, der aus der Hand seiner Auserwählten den Ehrenkranz entgegennimmt. Der Ritter hat den Helm einem seiner Knappen gegeben. Auf der Pferdedecke ist mehrfach das lateinische Wort AMOR (= Liebe) eingestickt. Schild, Helmkleinod und Pferdedecke zeigen den Adler, das Wappentier des Ritters. Ein zweiter Knappe hält die Lanze. Zwei Musikanten, ein Fanfarenbläser und ein Trommler, spielen auf. Vorne sieht man jüngere Knappen in modischer Kleidung. Des Ritters Herzdame trägt das Haar offen. Ein Zeichen, dass sie noch nicht verheiratet ist. Ehefrauen haben eine Haube auf dem Kopf. Für „verheiraten" sagte man deshalb auch: „unter die Haube bringen". Suche die unterstrichenen Begriffe auf dem Bild, verbinde sie mit den Händen und schreibe die Wörter auf die Zeilen.*

Hörige haben zu gehorchen

Freie Bauern zogen mit ihrem Fürsten in den Krieg. Oft waren sie monatelang von zu Hause fort. Viele Bauern unterstellten sich daher einem Adligen bzw. Grundherrn. Für den Schutz, den sie erhielten, mussten sie dem Grundherrn alljährlich einen Teil ihrer Ernte und ihres Viehs abgeben sowie für ihn arbeiten. Als Hörige (= Unfreie) brauchten sie nun nicht mehr in den Krieg zu ziehen.

M1 Bauern leisten Abgaben an den Grundherrn. Jugendbuchillustration.

1. *Notiere, was die Bauern am Fronhof abgeben. (Fro = Herr)*

____

____

2. *Der Bauer musste seinem Grundherrn unentgeltlich Frondienste leisten (M2), welche?*

____

____

____

____

____

M2 Frondienste. Schaubild.

3. *Außerdem hatten die Bauern den Kirchenzehnt zu bezahlen. Was ist darunter zu verstehen?*

____

____

____

Die kleine Welt des Dorfes

Die Familien im Dorf, oftmals versippt und verschwägert, bildeten eine Gemeinschaft. Regelmäßig setzten sich die Männer zusammen und legten fest, wann gepflügt werden sollte, wer die Hecken und Zäune ausbesserte, wer die Schweine hütete usw.
Die Bauernhäuser waren recht einfach. In der Regel bestanden sie aus Holz, Lehm und Stroh.

1. *Was war das wichtigste Gebäude im Dorf?*

   ____

2. *Die Bauern hatten damals keine Uhren. Wer sagte ihnen, wann es Zeit war, mit der Arbeit aufzuhören oder in die Kirche zu gehen?*

   ____

   ____

   ____

3. *Auf M1 siehst du eine „Kraftmaschine". Sie breitete sich seit dem 12. Jahrhundert in Europa aus. Wie heißt sie?*

   ____

M1 Mittelalterliches Dorf. Jugendbuchillustration.

4. *In der Bauernhütte (siehe M2) war es meist dämmrig, weil es keine Fensterscheiben gab. Der Boden bestand aus festgestampfter Erde und der Rauch schwärzte die kahlen Wände. Schreibe hinter die Begriffe, wie es damals war (Fensterscheiben: Fensterläden).*

M2 Bauernhütte. Jugendbuchillustration.

a) Elektrische Beleuchtung: ______________________ b) Federbett: ______________

c) Teppichboden: ______________________ d) Tapeten: ______________________

e) Gasherd: ______________________ f) Porzellangeschirr: ______________________

Arbeit in Hülle und Fülle

Fast alles, was man zum Leben brauchte, wurde auf dem Bauernhof selbst hergestellt. Jede Arbeitskraft war dazu nötig. Auch kleine Kinder mussten mithelfen.

M1 In einem frühmittelalterlichen Gesetz heißt es:
Wir bestimmen, dass an Sonn- und Feiertagen die Männer keine Feldarbeiten ausführen oder Heu machen, noch Zäune errichten, noch Steine zurechtschlagen, noch Häuser bauen, noch zur Gerichtsversammlung zusammenkommen, noch zur Jagd gehen. „Desgleichen dürfen die Frauen nicht weben, noch Kleidung zuschneiden, noch nähen, noch sticken, noch Wolle rupfen, noch Flachs schlagen, noch in der Öffentlichkeit Kleidung waschen oder die Schafe scheren."

Zit. n. Peter Ketsch, Frauen im Mittelalter, Bd. 2, Düsseldorf 1984, S. 84 f.

M2 Bäuerliche Arbeit. Jugendbuchillustration.

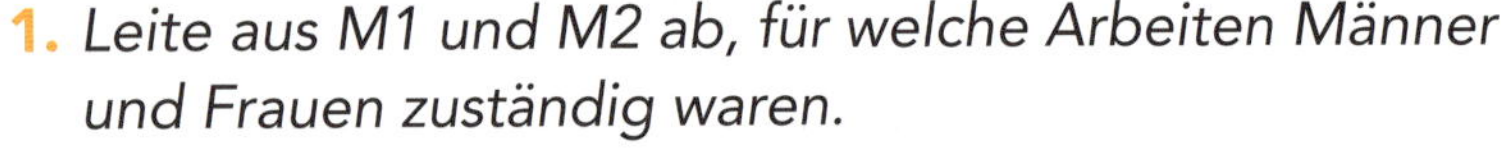

1. *Leite aus M1 und M2 ab, für welche Arbeiten Männer und Frauen zuständig waren.*

Männer: ______________________________

____

____

____

Frauen: ______________________________

____

____

____

2. *Welche anderen Tätigkeiten wurden von Bauer und Bäuerin verrichtet?*

Männer: ______________________________

____

Frauen: ______________________________

____

Im Wald

Für das Dorf war der nahe gelegene Wald ein Segen. Er barg aber auch Gefahren. Abgesehen von lichtscheuem Gesindel, das im Dickicht hauste, gab es wilde Tiere wie Bären und Wölfe.

1. *Holz war der Rohstoff für viele Gebrauchsgegenstände. Schreibe auf, was man alles aus Holz herstellte.*

2. *Welche Materialien ersetzen heute Holz?*

3. *Was bot der Wald den Dorfbewohnern an Nahrung? Betrachte dazu auch M1.*

M1 Halbwilde Schweine werden mit Eicheln gefüttert. Jugendbuchillustration.

4. *Im Winter verließen die Wölfe oftmals die Wälder. Sie waren der Schrecken der Dörfer. Manchmal gelang es den Bauern, sie in Netze zu treiben und mit dem Jagdspieß zu töten (siehe M2). Vom „bösen Wolf" berichten einige Märchen. Welche kennst du?*

5. *Ein Mönch schrieb 856: „Ein ausgehungerter Wolf drang während der Sonntagsmesse in die Kirche ein." Denk dir aus, was dann passierte.*

M2 Wolfsjagd. Jugendbuchillustration.

Fortschritte in der Landwirtschaft

Jahrhundertelang pflügten die Bauern jedes Jahr nur einen Teil ihrer Äcker und ließen den anderen brachliegen (= ungebrochen, d. h. unbearbeitet). Im nächsten Jahr wurde gewechselt. Mit anderen Worten: Nur die Hälfte des Bodens wurde landwirtschaftlich genutzt. Diese Feld-Gras-Wirtschaft nennt man auch Zweifelderwirtschaft (siehe Schaubild M2).

1. *Warum bestellte der Bauer nicht das gesamte Land?*

____

____

____

2. *Im Mittelalter setzte sich eine neue Bodennutzung durch: die Dreifelderwirtschaft. Was zeigt das Schaubild M2?*

M2 Bodennutzung im Mittelalter. Schaubild.

A	Feld 1	Feld 2
1. Jahr	Getreide	Brache
2. Jahr	Brache	Getreide
3. Jahr	Getreide	Brache

B	Feld 1	Feld 2	Feld 3
1. Jahr	Wintergetreide	Sommergetreide	Brache
2. Jahr	Sommergetreide	Brache	Wintergetreide
3. Jahr	Brache	Wintergetreide	Sommergetreide

Wintergetreide wird im Herbst gesät und im Juli des nächsten Jahres geerntet. Sommergetreide wird im März gesät und ebenfalls ab Juli geerntet. Es ist nicht so ertragreich wie das Wintergetreide.

M1 Ein Bauer pflügt. Jugendbuchillustration.

____

____

3. *Erläutere mithilfe von M2 die Dreifelderwirtschaft.*

____

____

____

____

4. *Vorteile der Dreifelderwirtschaft:*
- *Es wird dreimal so viel geerntet wie früher.*
- *Zwei verschiedene Saaten boten größere Sicherheit gegenüber Unwettern und damit verbundenen Missernten.*
- *Die Arbeit des Pflügens und Säens wurde aufgeteilt.*

Streiche die falsche Antwort durch. Vielleicht kannst du sie korrigieren.

____

____

5. *Es gab noch weitere Verbesserungen in der Landwirtschaft. Du erfährst mehr darüber, wenn du immer zwei der folgenden Sätze hinter das richtige Bild von M1 schreibst:*
→ Dadurch wurden höhere Erträge erzielt. → Der eiserne Pflug lockerte den Boden besser auf. → Sein Kummet, ein gepolsterter Halsring, erhöhte die Zugkraft um ein Vielfaches. → Die Keule des Dreschflegels landete mit voller Wucht auf den Getreidebündeln. → Mit der Sense wurden auch die Halme abgeschnitten. → Das Pferd war stärker als der genügsame Ochse. → Der ausgelaugte Boden erhielt neue Nährstoffe. → Das Stroh verfütterte der Bauer im Winter an die Stalltiere. → Im Boden befindliche Nährstoffe gelangten leichter nach oben. → Sie schlug dadurch viele Getreidekörner aus den Ähren.

M1 Technische Verbesserungen in der Landwirtschaft. Zeichnungen.

____

____

____

____

____

____

____

____

____

____

____

____

____

____

____

6. *Früher bekamen ungezogene Kinder „Dresche". Kannst du diese Redensart erklären?*

____

____

Mahle, Müller, mahle

Die Windmühle kam um 1200 auf. Sie arbeitet ähnlich wie eine Wassermühle, die bereits den Römern bekannt war. Die Zeichnung zeigt eine Bockwindmühle. Diese Mühle steht auf einem Sockel. Man kann sie nach allen Seiten drehen, je nachdem, wie der Wind weht.

1. *Erkläre in wenigen Sätzen, wie die Mühle funktioniert.*

____

____

____

____

____

2. *Warum steht die Windmühle auf einer kleinen Anhöhe?*

____

____

____

3. *Ein Maultier und ein Esel schleppten einst Getreidesäcke. Der Esel stöhnte: „Mein Gott, sind die schwer." Da sagte das Maultier: „Esel, was jammerst du. Ich trüge doppelt so viel wie du, gäbst du einen Sack mir. Nähmst du mir einen ab, schleppten wir beide dasselbe." Wie viele Säcke trägt das Maultier, wie viele der Esel? (Dieses Rätsel war bereits im Altertum bekannt).*

Lösung: ____

M1 Bockwindmühle. Zeichnung.

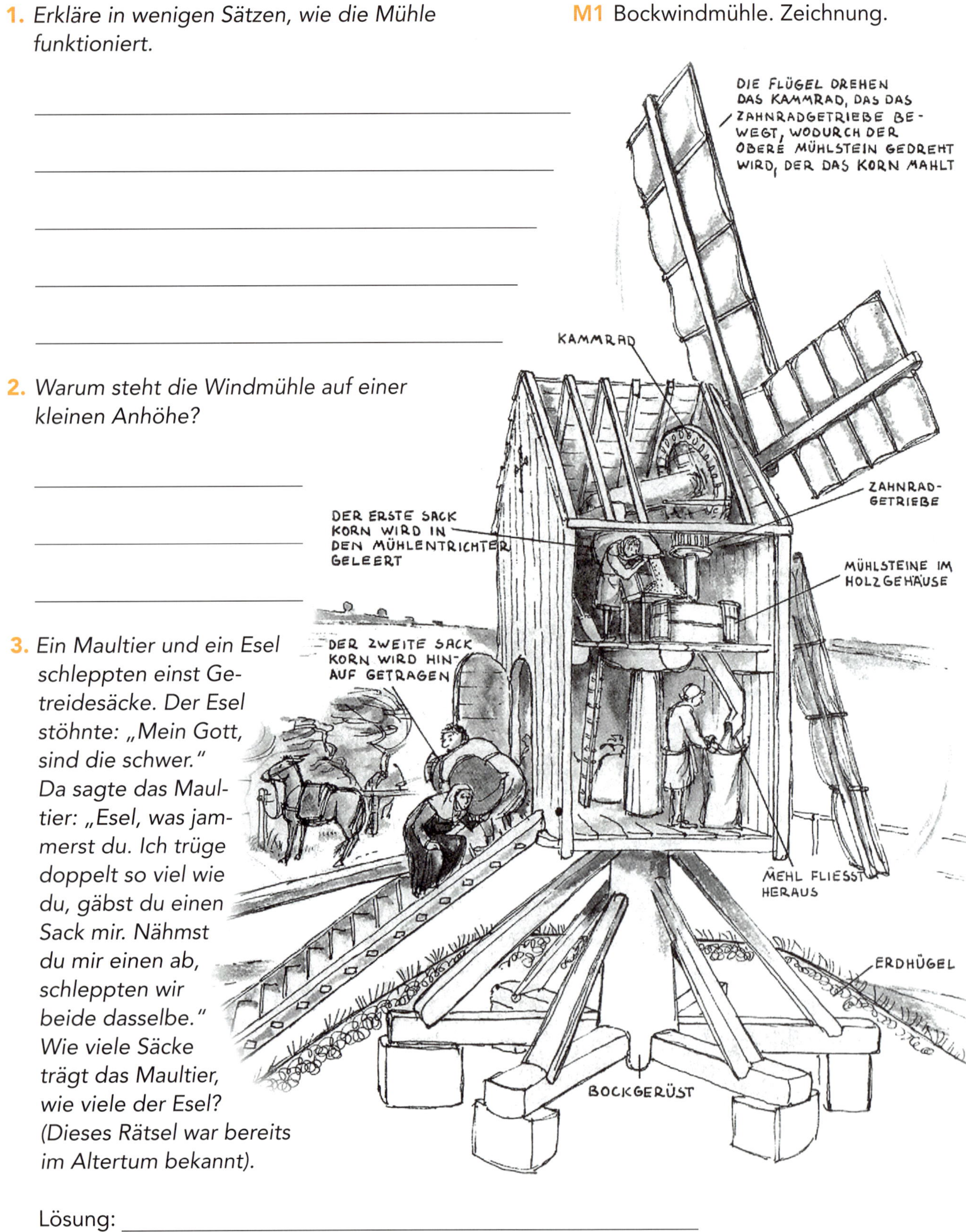

Erfindungen

Im Mittelalter wurde eine Reihe von Erfindungen gemacht. „Erfindungen" ist eigentlich der falsche Ausdruck. Oftmals stammten die technischen Neuerungen nämlich aus dem Altertum, setzten sich nun aber durch. Oder es waren Neuerungen, die aus anderen Ländern übernommen wurden.

1. *Schreibe unter jede Erfindung, was sie bewirkte.*

M1 Webstuhl, 12. Jh. Zeichung.

Die Kettfäden hingen nicht mehr herab, sondern wurden horizontal auf ein Gerüst gespannt. Die Frauen konnten nun im Sitzen arbeiten.

____

____

M2 Kompass, 12. Jh. Zeichnung.

Die frei bewegliche Magnetnadel zeigt nach Norden.

____

____

M3 Armbrust, 10. Jh. Mittelalterliche Zeichnung.

Die Armbrust ist eine Weiterentwicklung des Bogens.

____

____

M4 Kanonenrohr, 14. Jh. Zeichnung.

Die Erfindung des Schießpulvers revolutionierte die Waffentechnik.

____

____

M5 Brille, 13. Jh. Zeichnung.

Die ersten Brillen wurden auf die Nase geklemmt.

____

____

Neues Land im Osten

Seit dem frühen Mittelalter wuchs die Bevölkerung. Um neues Ackerland zu bekommen, wurden Wälder gerodet und Sümpfe trockengelegt.
Im Osten waren viele Gebiete nur dünn besiedelt. Slawische Fürsten schickten daher Lokatoren (= Unternehmer) nach Westen, um mit günstigen Angeboten Siedler ins Land zu holen.

M1 Ein Schriftsteller erzählt:

Meinhard und seine Frau Hiltrut sind Hörige. Sie haben sich gerade über ihren Grundherrn geärgert.

Meinhard wollte gerade etwas erwidern, als plötzlich dumpfer Hufschlag zu hören war. Aus dem Waldstück, das seine Äcker begrenzte, trabte ein Reiter gemächlich auf das Haus zu.
„Was der wohl will?", fragte Meinhard misstrauisch.
„Sehr kriegerisch sieht er nicht aus!", meinte Hiltrut. „Warten wir's ab!"
Bald war der Fremde bei ihnen angelangt. Er grüßte sehr höflich, lächelte den Kindern zu, die neugierig nach draußen geeilt waren, und stieg von seinem Reittier.
„Bring einen Becher Bier und ein Stück Brot!", befahl Hiltrut Roswitha, der ältesten Tochter.
„Nur Bier, Mädchen", bat der Fremde, „alles andere habe ich bei mir."
Er holte Brot, Zwiebeln, Käse und zuletzt ein großes Stück Schinken aus seiner Satteltasche und legte alles auf die Bank vor dem Haus.
Die Kinder kriegten große Augen.
„Wer will, isst mit!", sagte der Fremde, und das musste er nicht zweimal sagen.
Nachdem Meinhard eine Zeit lang andächtig und genussvoll gekaut hatte, sah er den Gast prüfend an.
„Euer Schinken ist gut", meinte er dann, aber Ihr seid nicht gekommen, um uns das zu beweisen."
Der Fremde schüttelte den Kopf. „Nein, deshalb bin ich nicht gekommen."
„Also, wer seid Ihr und was wollt Ihr von uns?"
„Ich heiße Gernut, bin Lokator des Herrn der Mark Lausitz und bin gekommen, um dich zu fragen, ob du bei ihm Bauer werden willst."
Meinhard starrte den Fremden verwundert an. „Ich begreife Euch nicht."
„Wie solltest du auch", nickte Gernot. „Ich werde es dir erklären. Weit von hier Richtung Sonnenaufgang, vielleicht dreißig, vierzig Tagereisen von eurer Hofstatt entfernt, liegt die Mark Lausitz. Dort gibt es fruchtbares Land, aber zu wenig Menschen, die es bebauen. Deshalb hat mein Herr mich nach Westen geschickt. Ich soll Leute wie dich und deine Familie finden, die bereit sind, mir in die Mark Lausitz zu folgen. Natürlich müssen sich für euch der weite Weg und die Mühen, die ihr auf euch nehmt, lohnen. Hört also, was euch mein Herr zu bieten hat! Ihr werdet ein Stück Land erhalten, das mindestens doppelt so groß sein wird wie dieses hier und das euch alle leicht ernähren kann.
Über dieses Land dürft ihr nach Belieben verfügen, ihr dürft es an eure Kinder und Kindeskinder vererben, ja, es sogar verkaufen. Zehn Jahre lang ist der Boden, den ihr bekommt, von allen Abgaben und Diensten frei und auch danach werdet ihr die Belastung kaum spüren. Bedingung ist, dass ihr das Land urbar macht und wenigstens zehn Jahre dort ansässig seid. Na, was sagst du dazu?"
Meinhard überlegte lange. So lange, bis Hiltrut ungeduldig wurde und ihn aufforderte: „Nun sag doch schon was, Meinhard! Dies Land hier reicht doch kaum noch, alle Mäuler zu stopfen, und die Abgaben sind drückend!"
Aber Meinhard schwieg immer noch. Endlich sagte er verdrießlich:
„Frau, du redest dummes Zeug. Du weißt genau, dass wir hörige Bauern sind, an dieses Stück Land gebunden, ob es uns passt oder nicht."
Das stimmte. Einen Augenblick lang hatte sie gehofft ...
„Wenn das das einzige ist, was euch abhält, daran muss es nicht scheitern", erklärte da der Lokator. „Es gibt hier kaum einen Grundherrn, der nicht mehr Hörige hätte, als sein Land verkraften kann. Mit eurem Herrn hab ich bereits gesprochen. Ihr dürft gehen und außerdem ein Stück Rindvieh, zwei Schweine, Kleinvieh, Kleidung und Geräte mitnehmen."
„Das Land verlassen?" Es war, als ob Meinhard jetzt erst begriff, was da plötzlich auf ihn zukam. Er sah nachdenklich auf den Wald, der sich seit seiner

Kinderzeit kaum verändert hatte, auf die anderen Hofstellen, auf die kleine Kirche mit den dicken Mauern, auf die abgeernteten Felder, die im beginnenden Abendrot schimmerten; war es so einfach, das alles zu verlassen?

„Wir sind hier zu Hause", begann er, aber sofort fiel ihm Hiltrut ins Wort „und haben hier gehungert!" Meinhard nickte. „Auch das ist richtig. Aber trotzdem …"

Erzählt nach Harald Parigger, Geschichte erzählt, Von der Antike bis zum 20. Jahrhundert, Frankfurt a. M. 1994, S. 193 ff.

1. *Erkläre, was die slawischen Grundherren davon hatten, wenn sich in ihren Ländern Bauern aus dem Westen niederließen.*

____

____

____

M2 Siedlertreck. Jugendbuchillustration.

2. *Trage in die Tabelle Gründe ein, die für und die gegen eine Auswanderung sprachen.*

Wir ziehen nach Osten, weil …	Wir bleiben, weil …

3. *Setze in den Lückentext zu M3 die folgenden Wörter richtig ein: beglaubigt, Lokator, Schriftstück, Schultheiß, Siegel, Stempel.*

M3 Dorfgründung. Buchmalerei, 14. Jh.

Der Mann mit dem Hut ist der ______________.

Für seine Mühe wird er Schulze bzw. __________

___________ (= Bürgermeister) des Dorfes.

Ferner braucht er für sein Land keine Pacht zu

zahlen. Das Dreieck, das von einem __________________ herunterhängt, ist ein ___________.

Dieses Wort leitet sich vom lateinischen „sigillum" ab und bedeutet Zeichen. Damit wurde ein

Text ___________________. Heute nimmt man dazu ________________________.

Gott will es!

Als die türkischen Seldschuken Byzanz bedrohten, bat der oströmische Kaiser den Papst um Hilfe. Auf dem Konzil in Clermont (Frankreich) rief Papst Urban II. zum „Heiligen Krieg“ auf (1095). Noch im selben Jahr zogen Tausende nach Osten. Als Erkennungszeichen hefteten sie sich rote Stoffkreuze auf ihre Kleidung. Man nannte sie deshalb Kreuzfahrer.

M1 Papst Urban II. sagte in Clermont sinngemäß:
Wir erlassen den gläubigen Christen, die gegen die Heiden kämpfen, alle Strafen. Und wer sein Leben im Kampf gegen die Heiden verliert, darf gewiss sein, dass ihm seine Sünden vergeben werden und er das ewige Leben erlangt.

Frei zit. n. Hans-Eberhard Mayer, Idee und Wirklichkeit der Kreuzzüge, Germering 1965, S. 19.

1. *Nenne mindestens drei Gründe, sich an einem Kreuzzug zu beteiligen.*

___

___

___

M2 Die Kreuzritter im Kampf gegen die Muslime. Jugendbuchillustration.

2. *1099 erreichten die Reste des völlig erschöpften Kreuzfahrerheeres Jerusalem. Fast fünf Wochen tobte der Kampf (siehe M2), dann konnten die Ritter in die Stadt eindringen. – Sie richteten ein Blutbad an.*
Teile deinen Angehörigen (entweder als Kreuzfahrer oder als Muslim) kurz mit, was sich in Jerusalem ereignet hat.

___

___

___

___

Fragen und Antworten

1. *Löse das Silbenrätsel. Die Zahl am Ende der Zeile nennt den Buchstaben für das Lösungswort, den du unten in das Kästchen einträgst.*

Arm – ban – Bra – brust – che – chen – dienst – Fron – Ka – Kir – Kum – Lan – las – le – met – min – müh – Pa – pen – Rit – schlag – ser – sier – ter – Ur – Vi – Wap – Was – ze – zehnt

a) Waffe eines Ritters (5) ____________________

b) „Ofen“ auf einer Burg (4) ____________________

c) Mittelalterliche Waffe (7) ____________________

d) Erkennungszeichen eines Ritters (5) ____________________

e) Papst, der zum Kreuzzug aufrief (2) ____________________

f) Abgabe eines Bauern (11) ____________________

g) Teil der Ritterrüstung (5) ____________________

h) Unbebautes Land (2) ____________________

i) Wohngebäude auf einer Burg (1) ____________________

j) Unentgeltliche Arbeiten eines Hörigen (1) ____________________

k) Mittelalterliche Kraftmaschine, s. Bild (10) ____________________

l) Gepolsterter Halsring für das Pferd (2) ____________________

m) Aufnahme in den Ritterstand, s. Bild (12) ____________________

Lösungswort:

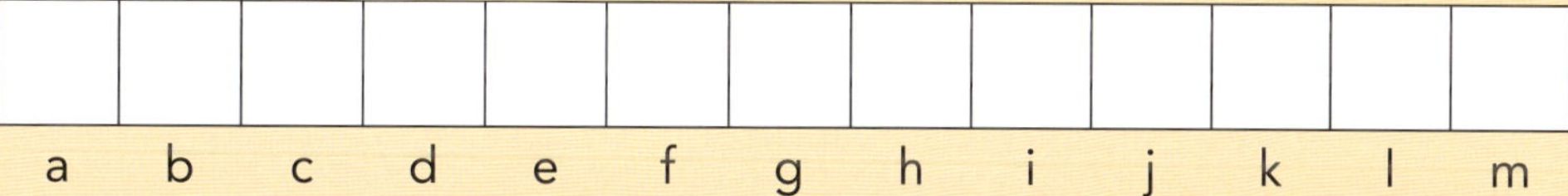

a b c d e f g h i j k l m

Die Stadt und ihre Bürger

Im Mittelalter entstanden innerhalb weniger Jahrhunderte mehrere tausend Städte. Zwar hatten die meisten kaum 1000 Einwohner, doch unterschieden sie sich durch „Mauer, Markt und Münze" – so ein alter Spruch – von den umliegenden Dörfern.
Von den alten Städten ist nur wenig übrig geblieben – da eine Kirche, dort verwinkelte Gassen. Dennoch hat die Stadt unsere moderne Arbeits- und Lebensweise entscheidend geprägt.

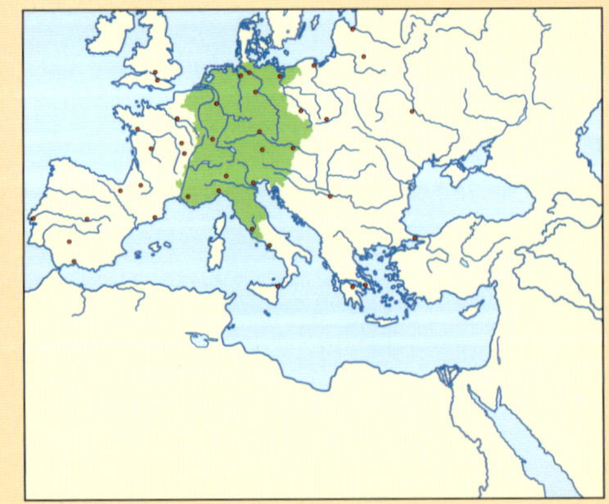

ab 1050	*ab 1096*	*ab 1150*
Hochmittelalter		
▸ Gründung zahlreicher Städte	▸ Beginn der Judenverfolgungen (Pogrome)	▸ Baustil der Gotik

Stadt und „Bürger"

Seit dem 11. Jahrhundert entstanden in Europa Tausende von Städten. Ihre Bewohner waren in der Regel keine Selbstversorger wie Bauern, die fast alles, was sie zum Leben benötigten, selbst herstellten. Städte konnten nur entstehen, weil die Bauern durch neue Anbaumethoden und Geräte (siehe S. 30 und 31) wesentlich mehr ernteten, als sie verbrauchten.

1. *In der kleinen „Geschichte mit Lücken" lernst du Merkmale einer Stadt kennen. Setze die folgenden Wörter richtig ein: Dächer, Händler, Marktplatz, Mauer, Rathaus, Stadt, Zoll.*

M1 Am Stadttor. Jugendbuchillustration.

Ein Bauer ist auf dem Weg zur Stadt. Er hat auf seinem Wagen Getreidesäcke geladen, die er auf dem Markt verkaufen will. Zum ersten Mal begleitet ihn sein Sohn.

„Vater! So viele Türme und ________________ habe ich noch nie gesehen. Jetzt weiß ich, was eine Stadt ist! Wo viele Menschen wohnen, das ist eine ___________." „Das stimmt nicht ganz", entgegnet der Vater. „Der Ort muss eine __________ und einen ______________ haben sowie ein __________________. Denn viele Angelegenheiten regeln die Bürger selbst. Außerdem wohnen in der Stadt viele Handwerker und ________________." Vor dem Stadttor machen sie Halt. Ein Stadtknecht prüft die Säcke. Dann dürfen sie passieren, ohne ________ zu zahlen.

M2 Ein Wissenschaftler schreibt:
„Zwischen Burg und Stadt machte man zunächst noch keinen grundsätzlichen Unterschied; beide waren befestigt. Der Begriff ‚stat', der zunächst einfach die Stätte meinte, setzte sich (...) erst im 12. Jh. durch."

Hans-Werner Goetz, Leben im Mittelalter, München 1986, S. 204.

2. *Erkläre, weshalb man Stadtbewohner als Bürger bezeichnet.*

____

____

____

____

ab 1300	1347–1353	1356
Spätmittelalter		
▸ Kampf der Zünfte um politischen Einfluss	Pestepidemie in Europa	• Zusammenschluss norddeutscher Städte zur Hanse

Wo und wie entstanden Städte?

In den Stürmen der Völkerwanderung waren in Mitteleuropa die römischen Städte untergegangen. Später ließen sich manchmal Bischöfe in diesen verödeten Orten nieder und errichteten Kirchen. Im Mittelalter belebten sich die „Stätten" und es entstanden Städte.

1. *Städte entwickelten sich auch an verkehrsgünstigen Stellen, z. B. an Furten. Eine Furt ist eine seichte Stelle, an der man einen Fluss durchschreiten kann. Kaufleute übernachteten gern an Furten, bevor sie den Fluss durchquerten. An diesen Rastplätzen gab es viel zu tun (siehe auch M1). Notiere, welche Leute für die Kaufleute arbeiteten und was sie machten; z. B.: Nachtwächter passten auf die Waren auf, Stalljungen …*

M1 *Herberge. Jugendbuchillustration.*

2. *Erläutere, wie aus dem Rastplatz mit der Zeit eine Stadt wurde.*

3. *Zahlreiche Städte wurden von Fürsten gegründet, weil sie eine Menge Geld einbrachten (Steuern, Zölle). Solche Orte wurden planmäßig angelegt. Woran erkennst du, dass es sich bei der Stadt M2 um eine planmäßige Ansiedlung handelt?*

M2 Stadtplan. Zeichnung.

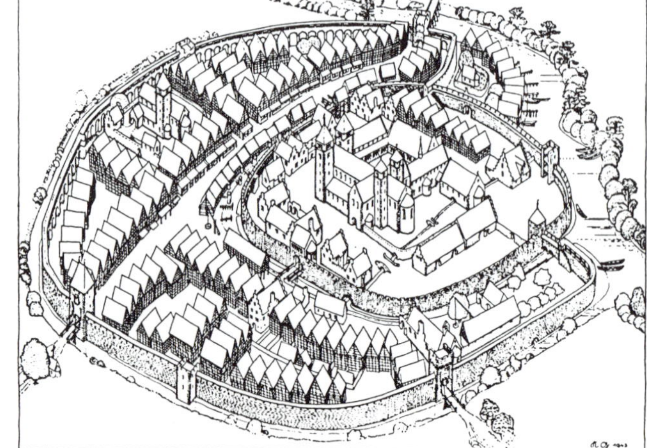

In der Stadt

Die Straßen – nur wenige hatten Pflastersteine – waren bei schlechtem Wetter kaum passierbar. Ratsherren, die sich zu einer Sitzung verspätet hatten, gaben schon mal als Entschuldigung an, sie seien im Morast stecken geblieben.

M1 In der Stadt. Jugendbuchillustration.

1. *Die Buchstaben hinter der richtigen Antwort ergeben das Lösungswort. Nimm M1 zu Hilfe.*

- **a)** Die Stadtbewohner waren Selbstversorger. Ja (D) / Nein (R)
- **b)** Handwerker der gleichen Branche wohnten häufig Haus an Haus. Ja (A) / Nein (O)
- **c)** In den Städten gab es eine Kanalisation. Ja (N) / Nein (T)
- **d)** Der Teller, der auf dem Bild vorn links am Haus hängt, bedeutet: Hier werden Teller gewaschen. Ja (A) / Nein (H)
- **e)** In den Häusern der Reichen gibt es fließendes Wasser, das durch Aquädukte herangeführt wird. Ja (L) / Nein (A)
- **f)** Wegen der engen Bauweise und der vielen Holzhäuser brannten gelegentlich ganze Stadtviertel ab. Ja (U) / Nein (D)
- **g)** Das höchste Gebäude in der Stadt war die Kirche. Ja (S) / Nein (O)

Lösungswort:

a	b	c	d	e	f	g

2. *Die Gegenstände, die an den Häusern hängen, verraten, wer dort arbeitet. Entwirf ein Aushängeschild für Lehrer.*

Laden – Werkstatt – Wohnung

In den Städten gab es zunächst nur wenige Gebäude aus Stein. Nur wohlhabende Bürger konnten sich massive Häuser leisten.

M1 Haus eines reichen Böttchers, zugleich Werkstatt, Laden und Wohnung. Rekonstruktion.

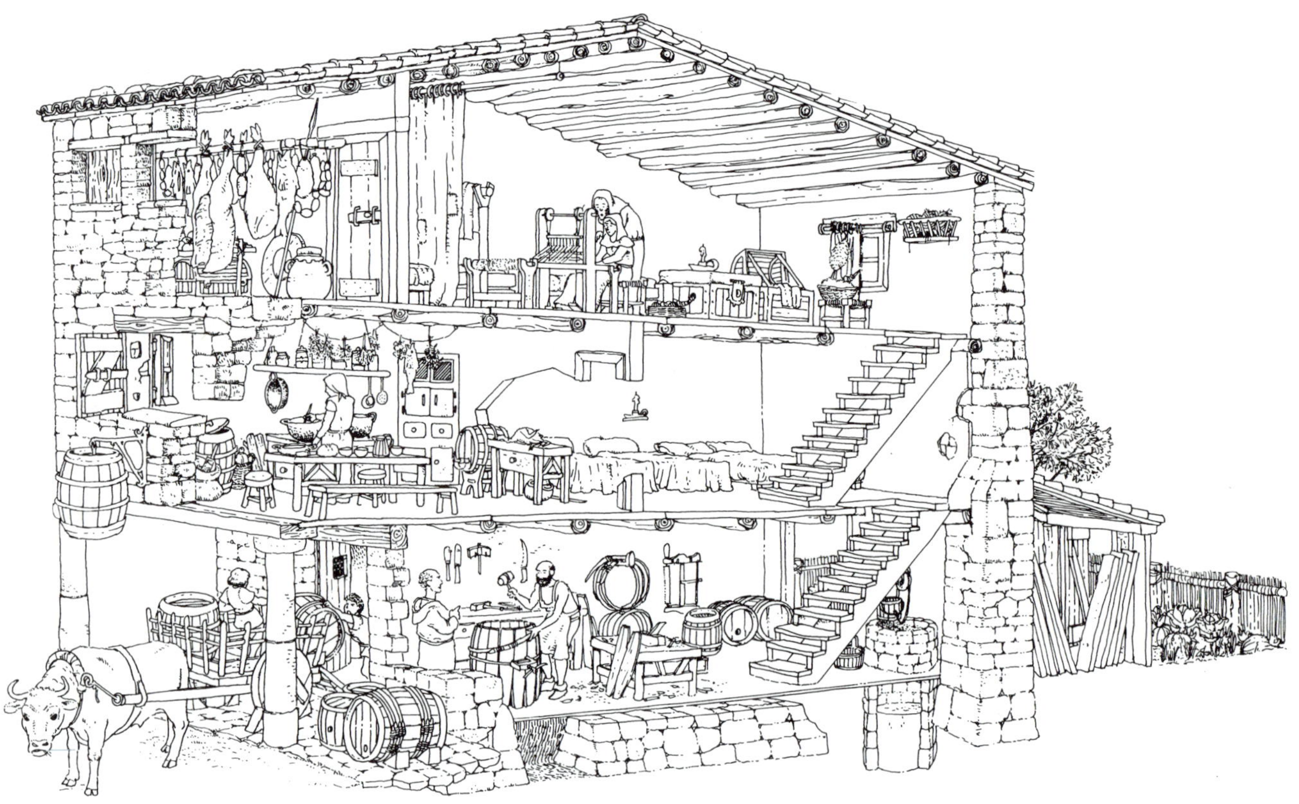

1. *Sprecht in der Klasse über das Bild M1. Wie waren Arbeit und Wohnen im Haus organisiert?*

2. *Was ist ein Böttcher?* ______________________________

3. *Wer brauchte die Produkte des Böttchers?* ______________________________

____

____

4. *Welcher wichtige Raum fehlte im Haus des Böttchers?* ______________________________

5. *Woher bekamen die Hausbewohner Wasser?* ______________________________

____

____

Von Hinrichtungen und Leprakranken

Vieles aus dem Mittelalter kommt uns vertraut vor. Aber es gibt auch Dinge, die uns fremd sind.

1. *Die Abbildungen unten stammen aus Jugendbüchern. Sie zeigen, was die Menschen früher dachten und machten. Du erfährst es, wenn du immer zwei der folgenden Sätze unter das richtige Bild schreibst:*
   → Trompeten kündigen eine Bekanntmachung an. → Leprakranke machen sich mit einer Rassel bemerkbar. → Adlige werden geköpft, einfache Leute gehenkt. → Der Herold liest vor, was der Stadtrat beschlossen hat. → Lichtscheue Gestalten verbringen die Nacht auf dem Friedhof. → Hunderte schauen der Hinrichtung zu. → Die Wächter dürfen diesen heiligen Ort nicht betreten. → Kirchen und öffentliche Gebäude dürfen Sie nicht aufsuchen.

Stadtluft macht frei

Den Stadtbewohnern ging es rechtlich zunächst nicht besser als den Bauern auf dem Lande. Auch sie unterstanden einem Grundherrn. Besonders den Kaufleuten missfiel diese Abhängigkeit.

M1 Eine Historikerin schreibt:
Die Kaufleute wollten „ohne Erlaubnis der Grundherren heiraten, ihren Wohnort wechseln, Eigentum bilden und frei darüber verfügen. Sie wollten loskommen von der Pflicht zur Teilnahme an den kriegerischen Abenteuern der Grundherren. Sie verlangten nach eigenen Gesetzen und Gerichten".

Zit. n. Anne Fremantle, Zeitalter des Glaubens, Amsterdam [4]1977, S. 75.

M2 Ein rheinischer Kaufmann prüft auf einer Messe bei Paris Stoffballen aus Flandern. Jugendbuchillustration.

1. *Versetze dich in die Rolle der Kaufleute und notiere deren Forderungen. (Wir wollen …; wir wünschen …).*

____

____

____

2. *Was machte die Kaufleute wohl so selbstbewusst, dass sie solche Forderungen stellten?*

____

____

3. *Wie der Kampf um mehr Freiheit ausgegangen ist, schildert der Lückentext. Setze richtig ein: Auseinandersetzungen, Bürger, Bürgermeister, Ratsherren, Recht, Stadtherrn, Stadtluft.*

In zähen Verhandlungen, manchmal auch in blutigen ____________________ rangen die reichen Stadtbewohner dem ________________ ein __________ nach dem anderen ab. Für Zugezogene setzte sich der Grundsatz durch: „______________ macht frei – binnen Jahr und Tag." Wenn die ___________ auch rechtlich gleichgestellt waren, mitbestimmen durften nur wenige. Die einflussreichen Familien wählten aus ihrem Kreis die ________________ und stellten den ____________________.

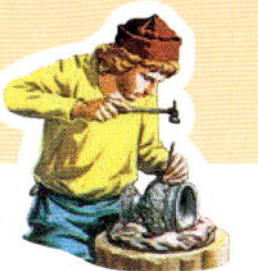

Auf dem Markt ist immer was los

Der Marktplatz lag im Zentrum der Stadt. Örtliche Handwerker und Händler boten dort ihre Waren feil, ebenso Bauern aus der Umgebung.

M1 Auf dem Markt. Zeichnung.

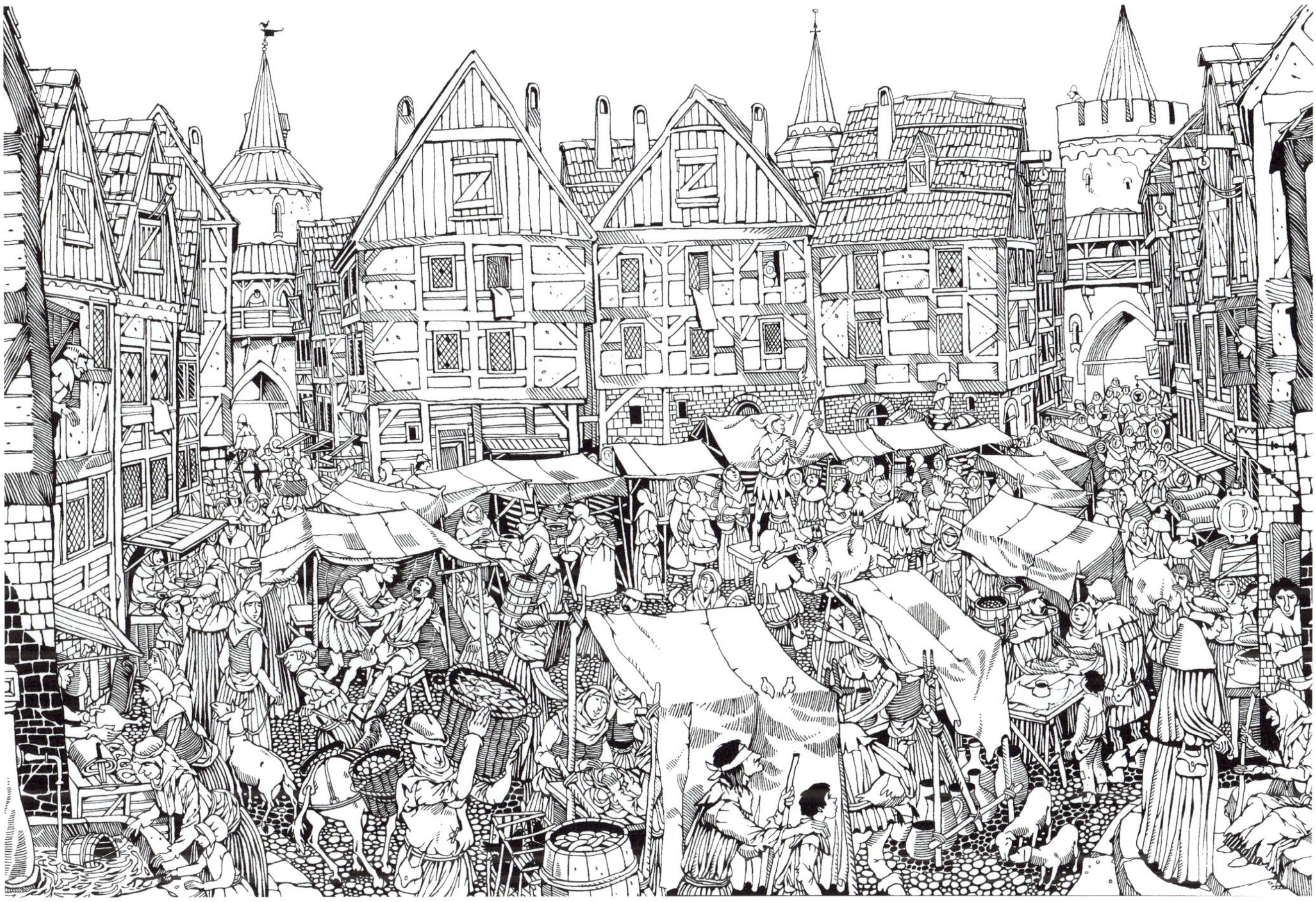

1. *Wenn du genau hinschaust, erkennst du auf dem Markt „Angebote", die es auf unseren Wochenmärkten nicht gibt. Welche sind das?*

___

___

___

2. *Streiche die Produkte durch, die du auf mittelalterlichen Märkten nicht kaufen konntest.*

Fisch | Kartoffeln | Gänse | Mohrrüben | Seidentücher | Bohnen

Gerste | Wein | Mais | Tomaten | Pfeffer | Dinkel | Nüsse

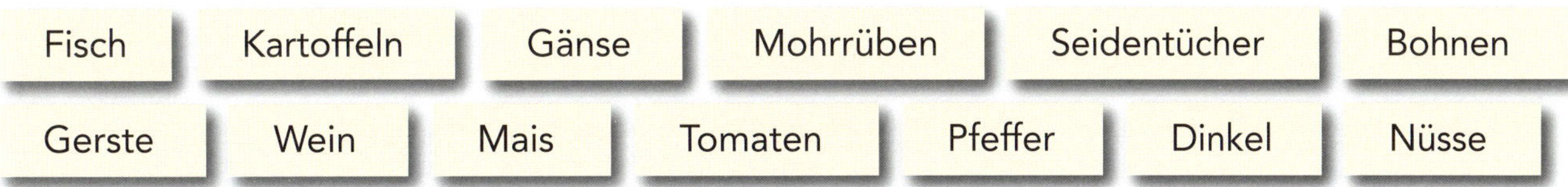

3. *Erläutere, weshalb man diese Artikel damals nicht kaufen konnte.*

___

Bewohner einer Stadt

Reiche Kaufleute bzw. Patrizier bildeten in der Stadt die Oberschicht. Sie hielten die politische Macht in ihren Händen. Zur Mittelschicht gehörten Fuhrleute Handwerker und Händler, zur Unterschicht Tagelöhner, Mägde und Henker.
Die Meister eines Gewerbes schlossen sich in Zünften zusammen, die später an der Selbstverwaltung der Stadt immer stärker mitwirkten.

M1 Oberschicht. Gemälde von Jean Bourdichon, um 1500.

M2 Mittelschicht. Gemälde von Jean Bourdichon, um 1500.

M3 Unterschicht. Gemälde von Jean Bourdichon, um 1500.

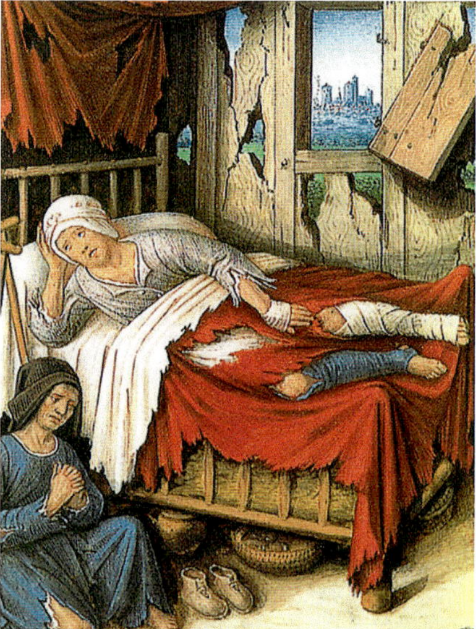

- Beruf: Kaufmann
- Eltern und Kinder tragen kostbare Gewänder.
- Sie leben in einem prachtvollen Haus mit Fensterscheiben.
- Die Kinder besuchen eine Schule.
- Der politische Einfluss der Kaufleute ist groß.
- Im Kriegsfall helfen sie, die Stadt zu verteidigen.
- Sie wünschen sich mehr Sicherheit auf den Straßen und weiterhin gute Geschäfte.

1. *Vervollständige die Listen für die Mittelschicht (M2) und die Unterschicht (M3). Die unterstrichenen Wörter geben an, was miteinander verglichen werden soll.*

Handwerker und Zünfte

Die Handwerker waren in Zünften organisiert. Nur wer Mitglied einer solchen Vereinigung war, durfte sein Handwerk ausüben.

1. *Ja oder Nein? Entscheide.*

a) Jedes Handwerk hatte seine eigene Zunft.
Ja (Z) / Nein (B)

b) Jede Zunft versuchte, die Anzahl ihrer Mitglieder zu erhöhen.
Ja (A) / Nein (U)

c) Die Zunft bestimmte, was die Waren kosteten.
Ja (N) / Nein (A)

d) Sie setzte die Ausbildungszeit für Lehrlinge auf vier Jahre fest.
Ja (H) / Nein (F)

e) Sie förderte den Wettbewerb.
Ja (A) / Nein (T)

f) Die Zunft hatte im Kriegsfall einen bestimmten Teil der Stadtmauer zu verteidigen.
Ja (Z) / Nein (U)

g) Pfuschern, d. h. Meistern, die nicht Mitglied waren, „legte sie das Handwerk".
Ja (W) / Nein (S)

h) Sie kümmerte sich um Witwen und Waisen verstorbener Zunftgenossen.
Ja (A) / Nein (N)

i) Sie sorgte dafür, dass ihre Mitglieder nur einwandfreie Waren herstellten.
Ja (N) / Nein (O)

j) Zunftmitglieder nahmen gemeinsam an Stadt- und Kirchenfesten teil.
Ja (G) / Nein (N)

M1 Anfertigung eines Schrankes. Jugendbuchillustration.
Ein Bischof hat für seine Kathedrale einen Schrank bestellt. Der Tischler verbindet die Schrankteile durch Zapfen, die in Schlitze eingeführt werden.

Lösungswort:

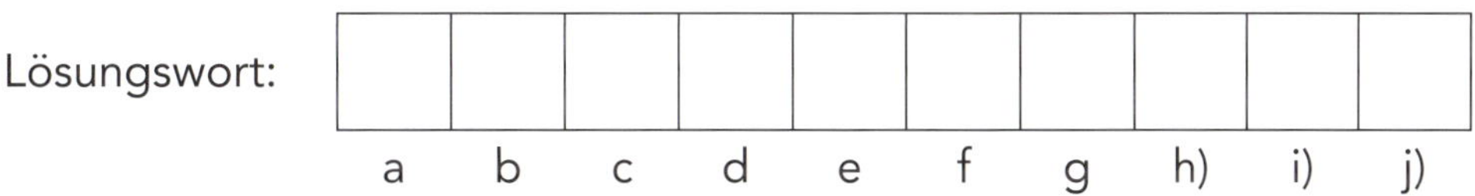

2. *Nenne Stärken und Schwächen der Zünfte.*

Lehrjahre sind keine Herrenjahre

Kaufleute müssen schreiben und rechnen können. Also schickten sie ihre Kinder, sofern sie es sich leisten konnten, auf eine Schule. Diese wurde häufig von einem Geistlichen geleitet. Kinder von Handwerkern lernten meist das, was sie fürs Leben brauchten, von ihren Eltern, indem sie früh im Haushalt oder in der Werkstatt mithalfen.

1. *Der Lückentext informiert über Lehrlinge und Gesellen. Setze die folgenden Wörter richtig ein: Ausbildung, Brennholz, Goldschmied, Herrenjahre, Jahren, Meister, Meisters, Prüfung, Wanderschaft.*

Die ______________________ eines Lehrlings dauerte zwischen zwei und zehn ____________. Während dieser Zeit lebte der Junge im Haus seines ________________. Außer seiner eigentlichen Arbeit musste er überall mit anpacken und z. B. Wasser holen, ______________________ besorgen, einkaufen und putzen. Nicht umsonst hieß es: „Lehrjahre sind keine ____________________". Wenn er die ______________ bestanden hatte, war er Geselle. Er ging nun auf ______________, um bei anderen Meistern zu lernen. Um selbst ______________ zu werden, musste er eine besondere Arbeit anfertigen. Auf dem Bild M1 siehst du einen ____________________, der vor den Augen der Zunftmitglieder sein „Meisterstück" macht.

M1 Ein Geselle fertigt sein Meisterstück. Jugendbuchillustration.

M2 Einschulung. Jugendbuchillustration.

2. *Erläutere das Bild M2.* ____

____

____

Die Frau hat dem Mann zu gehorchen

Auch in der Stadt war die Frau dem Mann nicht gleichgestellt. Nach wie vor war er der „Herr im Haus". Sie unterstand seiner Munt (= Schutz). Denn „der Mann ist nicht geschaffen um der Frau willen, sondern die Frau um des Mannes willen" (1. Korinther 11,9).

M1 Trauung. Nachzeichnung eines Holzschnitts, 15./16. Jh. Seit dem 12. Jahrhundert ist die Ehe ein Sakrament. Bei der Trauung führt ein Priester Braut und Bräutigam zusammen, indem er ihre Hände ineinander legt. Der Ringtausch, der allmählich aufkommt, ist ein Brauch, den die Kirche von den Römern übernommen hat.

1. *Was bedeutet „mündig" werden?*

____

____

____

M2 Tätigkeiten von Frauen. Jugendbuchillustrationen.

______________________ ______________________ ______________________

2. *Schreibe unter die Bilder, was die Frauen machen.*
3. *Kommentiere die Tätigkeiten der Frauen aus der Sicht eines mittelalterlichen Mannes.*

____

____

____

4. *Kommentiere die Tätigkeiten der Frauen aus deiner Sicht.*

____

____

____

Taler und Dukaten

Je mehr Waren auf den Märkten angeboten wurden, desto umständlicher wurde der Tausch Ware gegen Ware. Daher ging man dazu über, Produkte und Dienstleistungen mit Münzen aus Edelmetall zu bezahlen.

1. *Identifiziere die Geldstücke (M1), indem du die Erläuterung mit der Münze verbindest.*

M1 Mittelalterliche Münzen. Fotos.

Der **Gulden** der Stadt Florenz (Italien) war Vorbild für viele Goldmünzen. Er zeigt Johannes den Täufer. Das Kreuz zwischen den Füßen steht für den Prägeort Frankfurt.

Der kupferne **Heller** wurde um 1200 in der Salzstadt Hall geprägt. Die ersten Heller zeigen eine Hand – das Wappen der Stadt.

Im böhmischen Joachimsthal wurde eine Silbermünze geschlagen, die man kurz **Taler** nannte.

Die beliebtesten Goldmünzen über Jahrhunderte waren **Dukaten** aus Venedig.

Der **Kreuzer** ist eine Silbermünze, die auf der Rückseite ein Doppelkreuz hat.

M2 Münzenhersteller. Jugendbuchillustration.

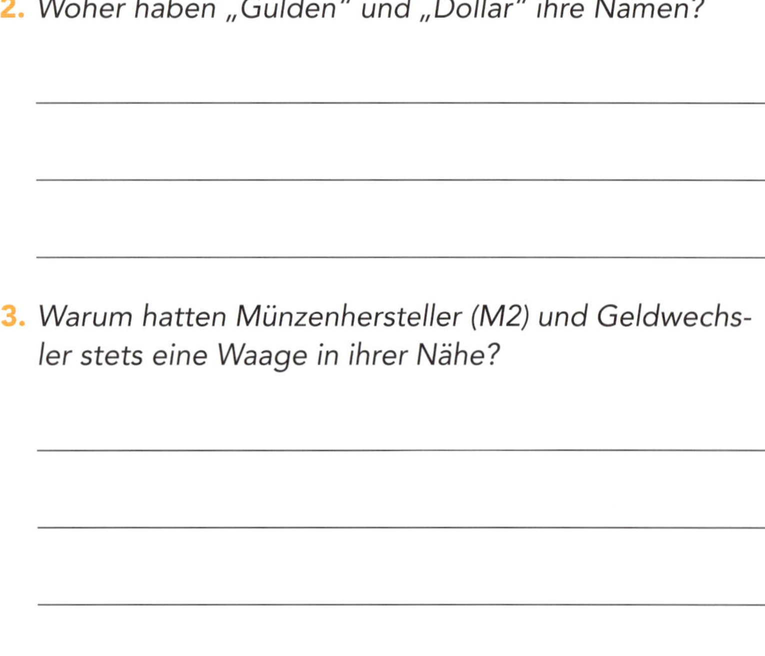

2. *Woher haben „Gulden" und „Dollar" ihre Namen?*

____

____

____

3. *Warum hatten Münzenhersteller (M2) und Geldwechsler stets eine Waage in ihrer Nähe?*

____

____

____

____

Der „Schwarze Tod"

Mitte des 14. Jahrhunderts brach die Pest, der „Schwarze Tod", über Europa herein. Millionen Menschen starben; ganze Landstriche verödeten.

1. *Wie sich die Pest bemerkbar machte, schildert der Lückentext. Setze die folgenden Wörter richtig ein: Ausschreitungen, Beulen, Durst, Erkrankten, Fenster, Juden, Land, Leichen, Peitschen, Strafe, Totengräber. Nimm auch M1 und M2 zu Hilfe.*

Erste Anzeichen der Krankheit sind __________, schwarze Schwellungen unter den Achseln. Fieber setzt ein. Die ________________ haben schrecklichen ____________. Sie fallen in Ohnmacht und sterben. Die _______________ werden vor die Häuser gelegt. __________________, die sich mit Kerzen und Mundtüchern schützen, transportieren sie vor die Tore der Stadt. Die Menschen verrammeln in ihrer Angst Türen und ____________ oder flüchten auf das ____________ . Der Papst hält die Pest für eine _________ Gottes. Um Gott zu besänftigen, schlagen sich Geißler mit ____________________ gegenseitig die Rücken wund. Manche behaupten, die __________ hätten die Brunnen vergiftet. Entsetzliche _______________________ folgen.

M1 Die Pest. Jugendbuchillustration.

M2 Geißler. Jugendbuchillustration.

2. *Erkläre mithilfe von M2, was Geißler sind.*

____

____

3. *Sprecht in der Klasse darüber, wie wir uns heute vor Seuchen schützen.*

Gemeinsam sind wir stark

Deutsche Kaufleute schlossen sich zu Hansen (= Gruppe, Schar) zusammen, um sich gegenseitig zu helfen. Sie errichteten im Ausland Kontore (= Handelsniederlassungen) und sorgten dafür, dass sich ihre Städte verbündeten. So entstand die Städtehanse, kurz Hanse genannt.

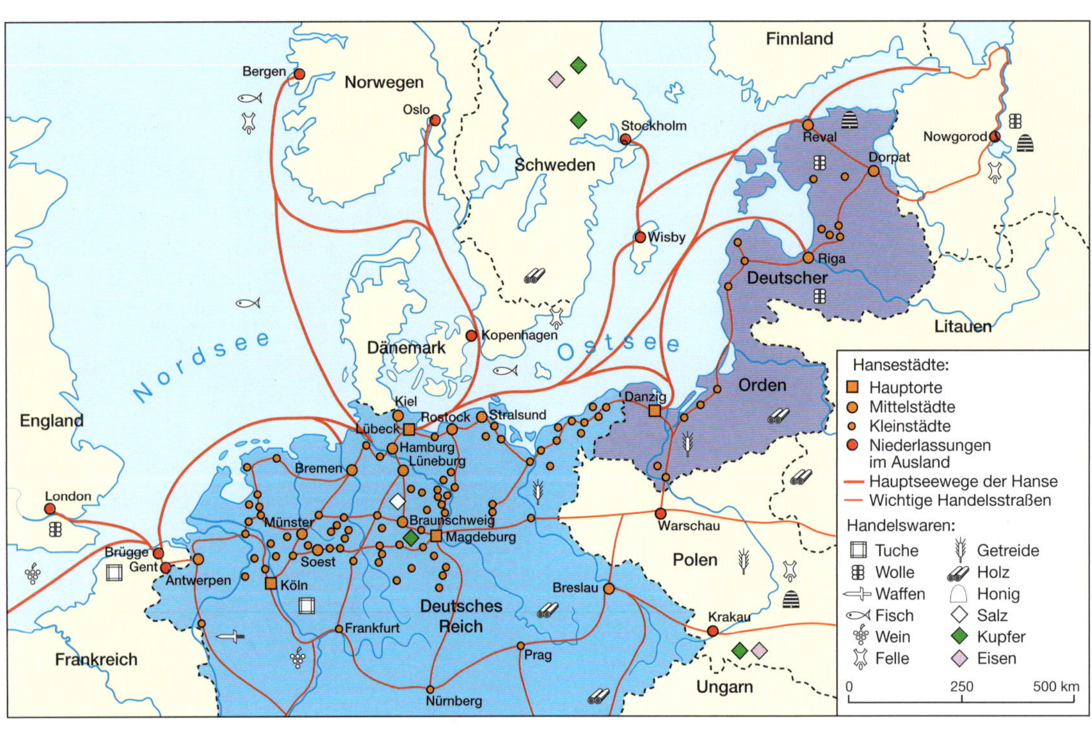

M1 Das Wirtschaftsgebiet der Hanse um 1400.

1. *Zahlreiche Hansestädte gab es an der Nord- und Ostsee. Nenne mithilfe von M1 mindestens sechs.*

____

____

2. *Autokennzeichen weisen noch heute auf ehemalige Hansestädte hin. Identifiziere folgende Schilder: HB, HGW, HH, HL, HRO, HST, HWI.*

____

____

____

3. *Nenne aus der Karte M1 Orte, in deren Nähe folgende Nahrungsmittel oder Rohstoffe gewonnen wurden:*

Fisch: ____________________ Tuche: ____________________

Wolle: ____________________ Salz: ____________________

Holz: ____________________ Felle: ____________________

4. *Damals war Salz ein äußerst wichtiges Handelsgut. Wozu brauchte man es? Zum Würzen von Speisen? Zum Konservieren (= haltbar machen) von Nahrungsmitteln? Zum Auftauen vereister Straßen im Winter? Eine Antwort ist falsch. Streiche sie durch und gib eine kurze Begründung.*

5. *Der Warentransport zu Lande war äußerst beschwerlich. In vielen Gegenden war es Brauch, dass alles, was vom Wagen fiel, dem Grundherrn gehörte. Ein Kaufmann hat Pech gehabt. In einem Schlagloch ist das linke Rad seines Fuhrwerks abgebrochen und ein Teil der Ladung heruntergefallen. Der Grundherr, der zufällig (?) in der Nähe war, macht seine Ansprüche geltend. Es kommt zu einem erregten Wortwechsel. Entwickelt in der Klasse daraus ein Rollenspiel.*

M2 Die Kogge, ein Kaufmannsschiff um 1400. Jugendbuchillustration.

6. *Betrachte M2. Wenn irgendwie möglich, beförderten die Kaufleute ihre Güter auf dem Wasser. Welche Vorteile hatte der Schiffstransport?*

7. *Welche Gefahren drohten dem Schiffstransport?*

Wir wollen mindere Brüder sein

Zu Beginn des 13. Jahrhunderts entstanden in den Städten die Bettelorden. Sie kümmerten sich vor allem um jene, denen sonst niemand half, und für manchen armen Teufel war ihre Mildtätigkeit die letzte Rettung.

M1 Ein Schriftsteller erzählt:

Es war nicht leicht, sich als Gaukler durchs Leben zu schlagen: keine Stadt, die einen aufnahm, kein Haus, in das man sich bei Regen und Kälte flüchten, keinen Vorratskeller, aus dem man sich in Zeiten des Mangels ernähren konnte. Immer nur weiterziehen, von Stadt zu Stadt, von Markt zu Markt, froh, wenn die Obrigkeit einen duldete und wenn das Publikum an Späßen und Kunststücken Gefallen fand. Nein, es war nicht leicht. Auf Hilfe durfte man nicht hoffen, denn Gaukler zählten zu den unehrlichen Leuten; ein Gaukler wurde nicht dadurch ehrbar, dass er alt, müde und hilflos war.

Der alte Mann trottete die Straße entlang. Plötzlich war ihm, als ob ihm jemand mit gewaltiger Kraft die Brust zusammenpresste, er rang nach Luft – und dann brach er zusammen und spürte nichts mehr.

Als er erwachte, musterte er durch die halb geschlossenen Lider die beiden Männer, die das Zimmer betraten. Ja, sie trugen Kutten; Kutten aus groben braunem Tuch, mit großen, spitz zulaufenden Kapuzen daran.

„Bist du wach? Geht es dir besser?“, fragte einer. „Du brauchst keine Angst zu haben. Du kannst bei uns bleiben, so lange du willst. Niemand wird dich von hier vertreiben.“ Konnten sie Gedanken lesen? Der Alte öffnete die Augen. „Wer ... wer seid Ihr?“, fragte er. Noch immer fiel ihm das Sprechen schwer. „Wir sind Minderbrüder (Minoriten) vom Orden des heiligen Franziskus von Assisi“, antwortete der, der eben schon gesprochen hatte. Wir suchen nicht die Abgeschiedenheit wie die Benediktiner, wir gehen dahin, wo die meisten Menschen leben, in die Städte. Wir wollen keine großen Klöster mit Wäldern, Gewässern, Weiden und Ackerland besitzen, nicht Herren über andere Menschen sein. Wir wollen arm sein, so wie Christus arm war. Niemand von uns besitzt irgendetwas, und unserer Gemeinschaft gehört nichts außer diesem Haus und einer kleinen Kirche.“

„Aber wie könnt Ihr anderen helfen“, flüsterte der alte Mann, so wie mir, wenn Ihr nichts besitzt?“

„Wir betteln“, erwiderte der andere einfach.

Der Alte wusste, was das hieß. Seitdem seine Kunststücke nicht mehr klappten, seine Sprünge unbeholfen und seine Späße abgedroschen waren, musste er immer betteln, um nicht zu verhungern. Der alte Gaukler vergaß einen Moment lang seine Schwäche und richtete sich ein wenig auf. „Erzählt mir von dem, der Eure Bruderschaft gegründet hat“, bat er. Wieder sprach nur der eine. „Franz von Assisi? Er war der Sohn eines großen Kaufmanns und lebte in Reichtum. Aber der Reichtum stieß ihn ab, denn er sah, dass Reichtum und Macht unbarmherzig machten. Er sah, dass vor allem Gottes Kirche und ihre führenden Priester mehr nach Geld und Einfluss strebten als danach, Gott zu dienen. Er bemerkte, dass die Abgeschiedenheit der Klöster Mönche und Nonnen den anderen Menschen entfremdet hatte. Daher beschloss er, zusammen mit einigen Freunden, der Kirche ein neues Beispiel für den Weg zu geben, den einst Christus eingeschlagen hatte. Sie nannten sich Minderbrüder, als Zeichen der Demut und der Armut.“

„Reicht Eure Demut denn auch aus“, fragte der Alte, „Euch um jemand zu kümmern, der wie ich zu den fahrenden, zu den unehrlichen Leuten zählt?“

„Vor Gott sind alle Geschöpfe gleich“, erwiderte der Bruder. „Deshalb begegnen wir allen Geschöpfen Gottes mit Demut. Franziskus, so ist überliefert, hat einst sogar den Vögeln gepredigt, und Gott hat es zugelassen, dass sie ihn verstanden, weil auch sie Gottes Geschöpfe sind. Aber jetzt haben wir genug geredet, du brauchst Ruhe und Schonung.“

Die Mönche brachten ihm Suppe und einen Becher Wein und ließen ihn dann allein. Der Alte nippte nur an dem Wein. Er verstand immer noch nicht, warum die Brüder sich freiwillig erniedrigten, und bettelarm sein wollten. Bald darauf schlief er ein und träumte, dass ein Mann in brauner Kutte neben seinem Lager stand und predigte.

Erzählt nach Harald Parigger, Geschichte erzählt, Von der Antike bis zum 20. Jahrhundert, Frankfurt a. M. 1994, S. 215–219.

1. *Was damals „unehrliche Leute" waren, darüber informiert der Lückentext. Setze die folgenden Wörter richtig ein: Ehre, Gewerbe, Henker, Kinder, Mittelalter, Randgruppe, Stadtmauer, Tätigkeiten.*

„Unehrliche Leute" waren im ____________________ keine Betrüger, sondern Menschen ohne Ansehen, ohne _____________. Sie verrichteten in der Regel unangenehme, schändliche oder wenig lukrative __________________ wie: Abdecker, ________________, Prostituierte, Hausierer, Musikanten, Totengräber, Gaukler. _________________ von unehrlichen Leuten hatten so gut wie keine Chance, ein ehrbares _________________ zu erlernen. Die Angehörigen unehrlicher Berufe bildeten eine ________________________, die abgesondert lebte, manchmal außerhalb der ____________________.

2. *Wer war Franz von Assisi?*

____

____

____

3. *Was kritisiert Franziskus (so sein lateinischer Name) an der Kirche?*

____

____

____

M2 Franz von Assisi. Jugendbuchillustration nach einem Fresko von Giotto.

4. *Was bemängelt Franziskus an den Mönchsorden?*

____

____

5. *Welche Begebenheit zeigt das Bild M2?*

____

____

Judenpogrome

In zahlreichen Städten lebten Juden. Sie standen unter dem Schutz des Königs, dem sie dafür eine Steuer zahlten. Seit dem 14. Jahrhundert wohnten Juden in abgegrenzten Stadtvierteln, den Gettos. Juden waren häufig im Handel tätig. Während der Kreuzzüge kam es in vielen Städten zu schrecklichen Pogromen (= gewalttätige Ausschreitungen). Tausende von Juden wurden unter falschen Vorwänden erschlagen, ausgeraubt oder vertrieben.

1. *Die Bilder M1 zeigen, wie man in Passau gegen Juden vorgegangen ist. Ordne die folgenden Sätze den Darstellungen zu: Die Juden werden verbrannt. – Die Hostie blutet, als der Jude sie durchsticht. – In Passau werden Juden gefangen genommen. – Er verkauft die Hostien an die Juden. – Christoph, ein Christ, stiehlt acht Hostien. – Zwei werden mit Zangen gefoltert.*

M1 Judenpogrome in Passau. Aus einem Flugblatt von 1495.

2. *Urteile über die Geschehnisse in Passau. Welcher Vorwurf ist offensichtlich unwahr?*

Fragen und Antworten

1. *Löse das Silbenrätsel. Die Zahl am Ende der Zeile nennt den Buchstaben für das Lösungswort, den du unten in das Kästchen einträgst.*

ber – Bött – cher – er – er –
Fär – grom – Han – Kon – Le –
le – Mau – Pa – Po – pra –
Schu – se – te – tor – tri –
zi – Zünf

a) Ausschreitung gegen Minderheiten (6) __________

b) Teil einer Stadt, s. Bildhintergrund (2) __________

c) Handwerker, s. Bild (3) __________

d) Handelsniederlassung im Ausland (1) __________

e) Fasshersteller (3) __________

f) Aussatz, Krankheit (3) __________

g) Bildungseinrichtung (5) __________

h) Städtebund (2) __________

i) Vereinigungen von Handwerkern (5) __________

j) Angehöriger der städtischen Oberschicht (6) __________

Lösungswort:

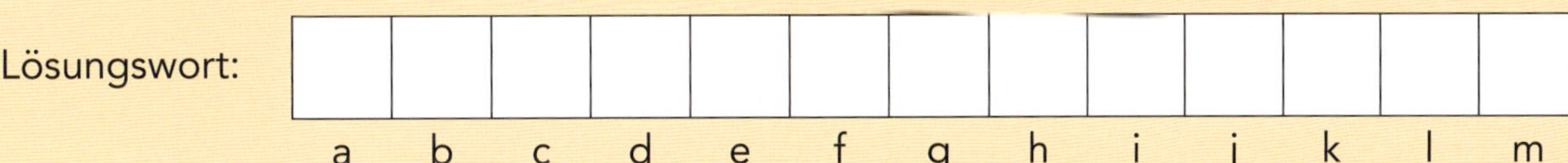

a b c d e f g h i j k l m

Neues Denken – Neue Welt

Im Mittelalter dachten die Menschen, die Erde sei eine Scheibe mit Jerusalem als Mittelpunkt. Einige Wissenschaftler erkannten, dass sie eine Kugel ist und um die Sonne kreist. Dies widersprach den Lehren der Kirche. Es kam zu heftigen Auseinandersetzungen. Mancher Gelehrte bezahlte seine Standhaftigkeit mit dem Leben. Der Holzstich von 1888 ahmt den Stil der Zeit um 1520/30 nach. Er zeigt einen Menschen, der das Himmelsgewölbe durchstößt und Gottes Wunderwerk schaut. Das Bild hat symbolische Bedeutung. Der Mensch der frühen Neuzeit stößt in neue Bereiche vor.

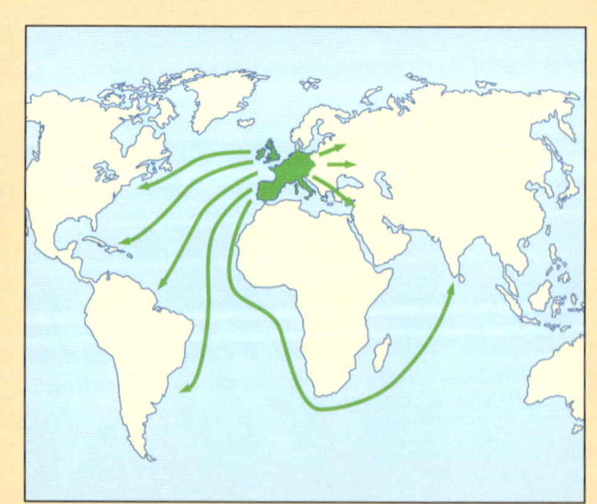

um 1400	*1450*	*1453*	*1492*
Renaissance			
Beginn der Renaissance	Gutenberg erfindet den Buchdruck.	Die osmanischen Türken erobern Konstantinopel.	Kolumbus entdeckt Amerika.

Wissenschaftliches Vorgehen

Jahrhundertelang bestimmte der christliche Glaube das Leben der Menschen. Auch zu wissenschaftlichen Fragen zog man die Bibel heran. In der frühen Neuzeit jedoch begannen Gelehrte selbst zu beobachten, zu experimentieren und nach Gesetzmäßigkeiten zu suchen.

1. *Schildere mithilfe von M1 die Erkenntnisse des Astronomen Nikolaus Kopernikus.*

___

___

___

2. *Warum hat Kopernikus (1473–1543) seine Erkenntnisse erst kurz vor seinem Tod veröffentlicht?*

___

___

3. *Betrachte M2. Ärzte wagen es, einen Leichnam zu sezieren (= aufschneiden). Warum machen sie das?*

___

___

4. *Worin bestand das Wagnis? Unterstreiche die richtige Antwort und erläutere sie.*
   - Die Ärzte hätten sich infizieren können.
   - Die Kirche hatte das Sezieren verboten.
   - Der Tote stank unerträglich. (Verwesung!)

___

___

5. *Erläutere mit M3, wie die Kirche mit Ketzern umging. (Ketzer: jemand, der den Lehren der Kirche widersprach)*

___

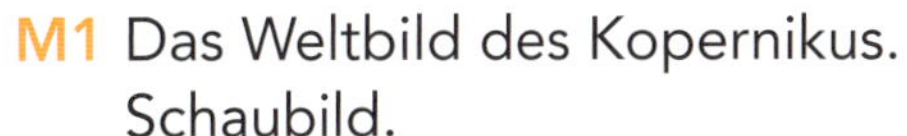

M1 Das Weltbild des Kopernikus. Schaubild.

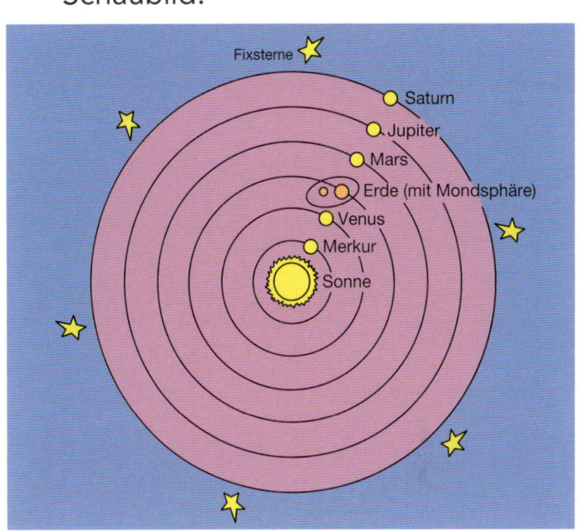

M2 Ärzte öffnen einen Leichnam. Französische Buchmalerei, 15. Jh.

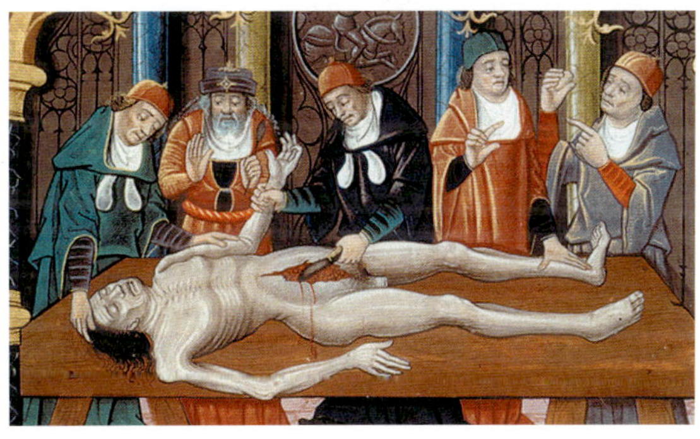

M3 Schicksal von Ketzern. Mittelalterliche Buchmalerei.

1519–1522 Magellans Weltumsegelung

1519–1534 Spanier erobern die Reiche der Azteken und Inkas.

1550–1650 Höhepunkt der Hexenverfolgung

1633 Prozess gegen Galileo Galilei

Leonardo da Vinci – ein Universalgenie

Leonardo da Vinci (1452–1519) war ein vielseitiger Künstler, Forscher, Erfinder und Philosoph. Er arbeitete als Maler, Architekt, Bildhauer, Mediziner, Mechaniker und Ingenieur. Viele seiner Erfindungen sind erst Jahrhunderte nach seinem Tod verwirklicht worden.

1. *Im Buchstabenhaus sind senkrecht und waagerecht zehn technische Entwürfe von Leonardo versteckt. Hebe sie farblich hervor.*

H	U	B	S	C	H	R	A	U	B	E	R	X	H	S
M	Q	V	G	M	J	P	O	Y	R	A	K	E	T	E
N	N	S	C	H	L	E	U	S	E	G	F	O	G	R
Z	T	Q	D	C	H	N	Q	C	N	O	E	V	W	Z
J	V	O	F	Z	J	K	R	A	N	W	J	K	O	X
K	U	C	A	Q	F	A	L	L	S	C	H	I	R	M
N	L	V	H	D	R	U	C	K	P	U	M	P	E	W
K	G	X	R	K	R	W	A	Z	I	W	V	Q	V	H
J	O	J	R	M	S	C	H	L	E	U	D	E	R	G
A	Y	T	A	U	C	H	E	R	G	L	O	C	K	E
J	X	H	D	G	Y	O	B	R	E	G	H	K	M	W
K	Z	V	I	K	B	C	C	H	L	M	W	T	U	Y

M1 Leonardo da Vinci. Zeichnung um 1490.

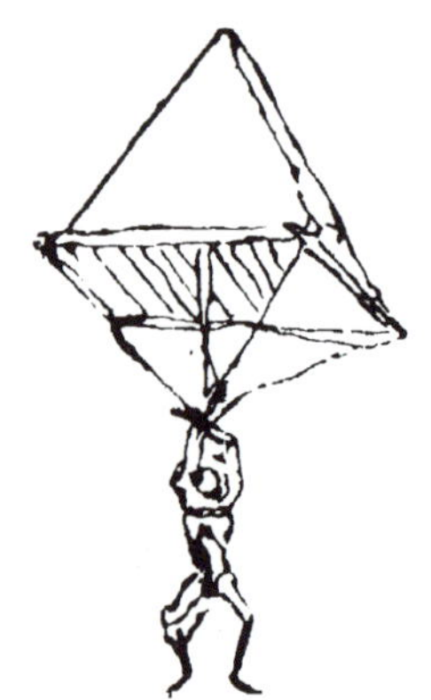

2. *Um welche Erfindung Leonardos handelt es sich?*

____

____

M2 Leonardo da Vinci. Gemälde, 1503–1506.

3. *Wie heißt das Gemälde?*

____

____

4. *Der Lückentext informiert über die Frühe Neuzeit. Setze die folgenden Wörter richtig ein: Klosterbibliotheken, Leonardo, Nachnamen, Neuzeit, Renaissance, Schriftsteller, Zeit.*

In der Frühen _______________ wurden begeistert die Bücher antiker _______________ gelesen, die man in _______________ aufgestöbert hatte. Man nennt diese __________ daher auch „Renaissance" (= Wiedergeburt des Altertums). Sie begann um 1300 in Italien. Der Mensch der _______________ war stolz auf seine Leistung. Um nicht verwechselt zu werden, trug er einen _______________. Damals begannen die Künstler, Selbstporträts zu malen. Das Bild M3 ist ein Selbstbildnis von _______________.

M3 Leonardo da Vinci. Selbstporträt, 1512–1515.

Die ersten Universitäten

Seit dem 12. Jahrhundert entstanden in Europa Universitäten. Ihre Aufgabe war es, Studenten auszubilden und die Wissenschaft voranzubringen. Die ältesten Universitäten sind Bologna, Paris und Oxford, die ersten deutschen im 14. Jahrhundert waren Prag, Heidelberg und Köln. Bald bekannt waren auch Pisa, Padua, Rom, Cambridge, Montpellier, Barcelona, Wien und Erfurt.

1. *Wie es in einem Hörsaal (eine Art Klassenraum) damals aussah, zeigt M1. Obwohl der bekannte Professor Henricus de Allemania eine Vorlesung hält, sind nicht alle Studenten bei der Sache. Umkreise die Burschen, die offensichtlich nicht zuhören, und schreibe auf, was sie stattdessen machen.*
Übrigens: Mädchen und Frauen durften nicht studieren!

____

____

____

____

____

____

____

____

____

____

____

____

2. *Vervollständige die Namen der Universitätsstädte.*

M1 Hörsaal einer Universität. Miniatur, spätes 14. Jh.

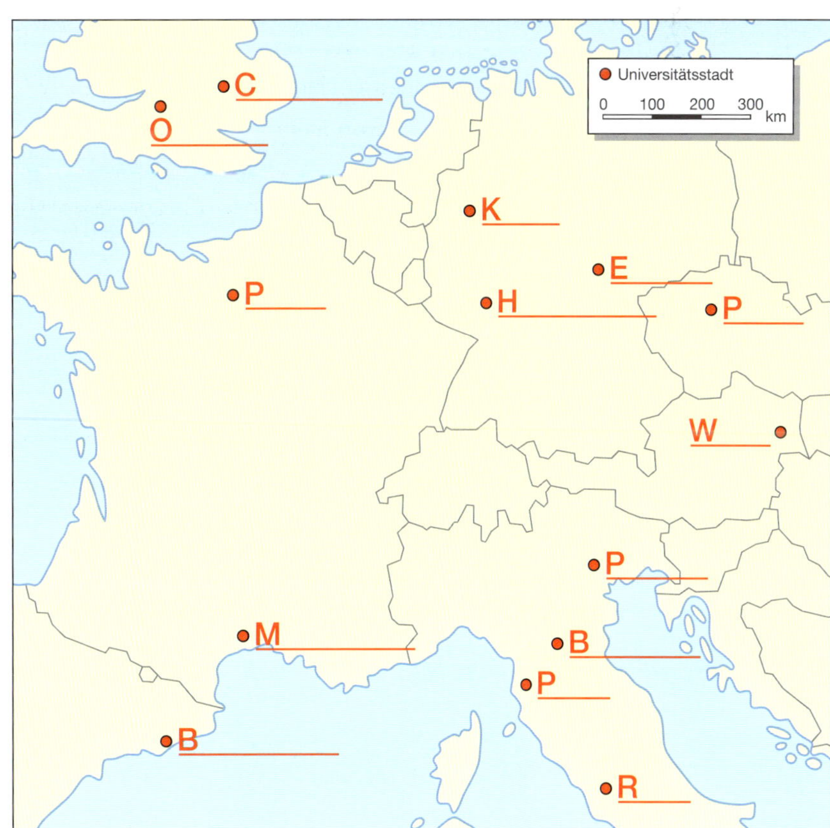

Hexen

In der Zeit des wissenschaftlichen Fortschritts blühte der Aberglaube. Für Unwetter, Seuchen, Missernten und andere Katastrophen suchte man Sündenböcke. Hunderttausende – hauptsächlich Frauen – wurden als Hexen verunglimpft und nach qualvollen Verhören hingerichtet.

1. *Richtig oder falsch? Die Buchstaben hinter der richtigen Antwort ergeben das Lösungswort.*

a) *In der Frühen Neuzeit wurde behauptet, es gäbe Hexen, die mit teuflischer Hilfe den Menschen schadeten.* Ja (F) / Nein (G)

b) *Viele Menschen glaubten, dass Hexen in der Lage seien, mit einem Besen durch die Luft zu fliegen.* Ja (O) / Nein (L)

c) *In einem weit verbreiteten Buch, das Mönche geschrieben hatten (Hexenhammer, 1486), wurde behauptet, Männer seien besonders anfällig für das Böse.* Ja (A) / Nein (L)

d) *Wer der Hexerei beschuldigt wurde, erhielt einen fairen Prozess.* Ja (U) / Nein (T)

e) *Die Angeklagte wurde so lange gefoltert, bis sie geständig war.* Ja (E) / Nein (B)

f) *Das Hab und Gut der verurteilten „Hexen" wurde eingezogen.* Ja (R) / Nein (E)

Lösungswort:

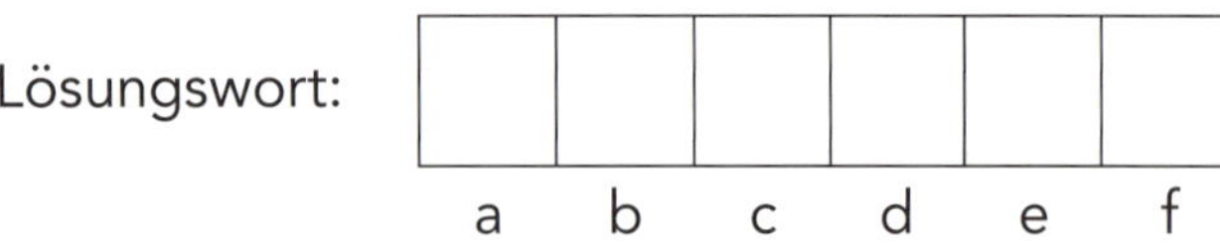

2. *Korrigiere die falschen Sätze.*

3. *Erläutere mithilfe von M2, weshalb so viele Frauen wegen Hexerei verurteilt wurden.*

M1 „Ursel, Schulmeysterin zu Yardricht, jämmerlich gepeiniget, gepeitschet und darnach verbrent. Anno 1570". Illustration von Jan Luyken, um 1685.

M2 Verlauf einer Hexenverfolgung. Schema.

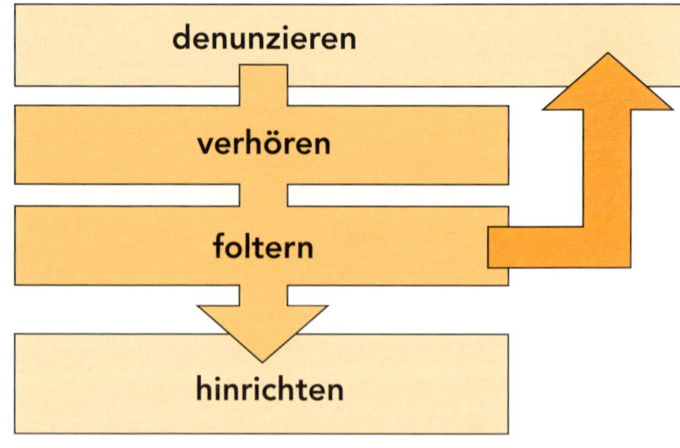

Niedergang der Ritter

Im späten Mittelalter sank die militärische Bedeutung der Ritter. Auch wirtschaftlich hatten sie Probleme. So gingen ihre Einnahmen aus der Landwirtschaft zurück, während die Preise für Waren und Luxusartikel stiegen.

1. *Schildere in wenigen Sätzen, was die Ritter auf dem Bild M1 machen.*

____

____

____

____

____

____

M1 Zeichnung aus dem Hausbuch des Fürsten Waldburg-Wolfegg, um 1470.

2. *Suche für das Bild M2 eine Überschrift.*

____

M2 Jugendbuchillustration.

3. *Zwischen beiden Bildern besteht ein Zusammenhang. Welcher?*

____

____

Geld darf nicht im Kasten ruhen

Viele Bäuerinnen verdienten zusätzlich etwas Geld, indem sie Wolle zu Garn verarbeiteten. Unternehmer lieferten ihnen kostenlos den Rohstoff – manchmal auch das Spinnrad – und entlohnten sie nach ihrer Leistung. Zu diesen Unternehmern sagt man Verleger, weil sie das Material „vorlegen".

1. *Der Weber rechts arbeitet für einen Verleger. Was heißt das?*

____

____

____

2. *Nenne Vor- und Nachteile des Verlagssystems (= der Arbeit für einen Verleger).*

____

____

____

M1 Ein Weber arbeitet. Jugendbuchillustration.

____

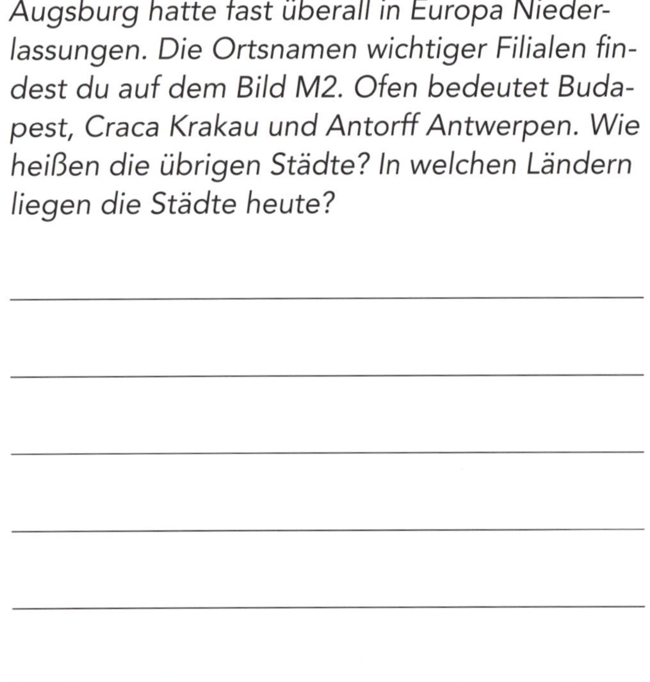

3. *In Deutschland zählten die Fugger zu den bedeutendsten Unternehmern. Ihr Handelshaus in Augsburg hatte fast überall in Europa Niederlassungen. Die Ortsnamen wichtiger Filialen findest du auf dem Bild M2. Ofen bedeutet Budapest, Craca Krakau und Antorff Antwerpen. Wie heißen die übrigen Städte? In welchen Ländern liegen die Städte heute?*

____

____

____

____

____

____

M2 Jakob Fugger und sein Hauptbuchhalter Matthäus Schwarz. Gemälde, 1525.

____

M3 Wie die Fugger ihr Geld verdienten. Schaubild.

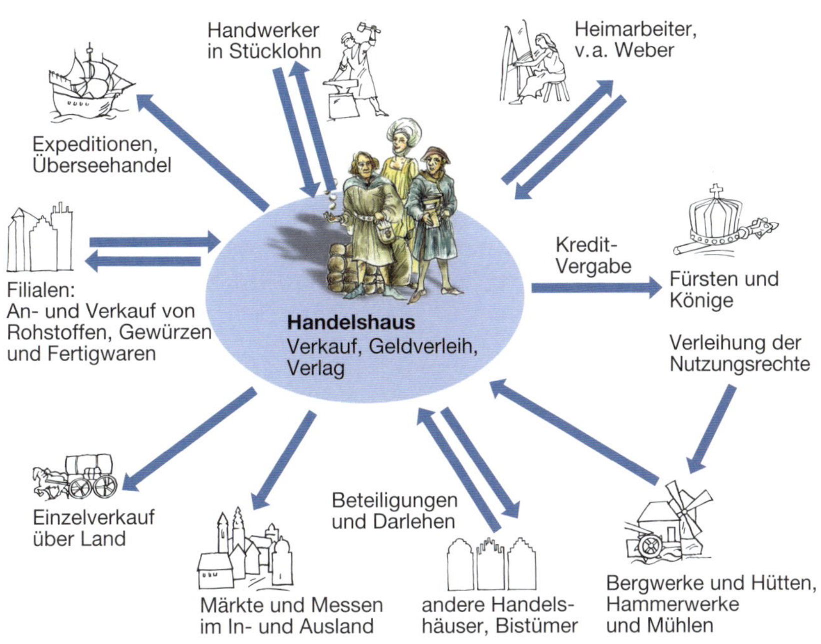

4. *Erläutere das Schaubild M3. Beispiel: Die Fugger leihen dem König Geld. Sie erhalten dafür die Nutzungsrechte über Bergwerke, Hütten und Mühlen. Da sie keine Konkurrenten haben, besitzen sie ein Monopol. Sie können die Preise festsetzen und verdienen eine Menge Geld. Beschreibe drei andere Fälle.*

M4 Metallgewinnung. Jugendbuchillustration.

In einer Hütte wird aus Erz Metall gewonnen. Auf dem Bild siehst du, wie das flüssige Metall aus dem Ofen kommt. Es wird nun mit Wasser, das Schaufelräder aus nahen Bächen heranschaffen, gekühlt und gehärtet.

Bewegliche Lettern verändern die Welt

Bücher kosteten früher ein Vermögen. Wie ließen sie sich schneller und billiger herstellen? Der Goldschmied Johannes Gutenberg (um 1400 – 1468) aus Mainz löste diese Aufgabe – mit Buchstaben aus Metall.

1. *Bekannt war bereits der Holzdruck, bei dem Texte und Bilder spiegelverkehrt auf ein glattes Holzbrett eingeritzt wurden. Um Kopien zu erhalten, wurde die Platte mit Farbe bestrichen und auf Papier gedrückt. – Welche Schwächen hatte dieses Verfahren?*

____

____

2. *Gutenbergs Idee: Einen Text nicht aus Holz schnitzen, sondern aus Metallbuchstaben zusammensetzen, drucken und nach dem Druck die Lettern für andere Texte verwenden.*

M1 In einer Druckerwerkstatt. Kupferstich von Stradanus, um 1580.

Setze zunächst die Wörter richtig in den Lückentext und schreibe dann die Ziffern in die entsprechenden Klammern auf dem Bild. Manche Zahlen tauchen mehrmals auf: Abzug, Drucker, Druckerschwärze, Gesellen, Herr, Lehrling, Lettern, Presse, Setzer, Setzkästen.

In den schrägen Kästen oder ____________________ (1) befinden sich Metalllettern. Nach den Vorlagen (2) an der Wand setzen die ______________ (3) mit ______________ den Text zusammen. Der fertige „Satz" (4) kommt zu einem ________________ (5), der mit zwei Ballen die ________________ gleichmäßig aufträgt.

Der ______________ (6) an der großen __________________ (7) hat einen Papierbogen auf den eingefärbten Satz gelegt. Nun zieht er den Pressbengel an. Der __________________ (8) nimmt äußerst vorsichtig einen feuchten __________________ (9) vom Satzblock, der wie die anderen Bögen (10) zum Trocknen aufgehängt wird. Der vornehm gekleidete ___________ (11) ist vielleicht ein Kunde oder der Inhaber der Druckerei.

3. *Erläutere: Drucken leitet sich ab von „drücken".*

4. *Mit der Erfindung des Buchdrucks kamen neue Berufe auf wie Setzer, Drucker, Schriftgießer, Buchbinder. Stelle sie kurz vor.*

5. *Versuche herauszubekommen, was der Mann auf dem Bild M2 macht.*

6. *Gib ihm einen Namen.*

7. *Um 1500 gab es in 260 Städten etwa 1120 Druckereien, die rund 40 000 verschiedene Werke mit einer Gesamtauflage von über 10 Millionen Exemplaren veröffentlicht hatten. Diese rasante Entwicklung hängt unter anderem damit zusammen, dass Buchdrucker keinem Zunftzwang unterstanden. Erläutere.*

M2 Rekonstruktionszeichnung.

Osmanen stören den Fernhandel

Der Handel mit Luxusgütern aus Asien war im späten Mittelalter besonders gewinnbringend. So kostete 1 Kilogramm Pfeffer in Indien rund 1 Gramm Silber, in Alexandria 10, in Venedig 16 und in Deutsch-land 25 Gramm Silber. Der Fernhandel wurde empfindlich gestört, als die muslimischen Türken, die nach Sultan (= Herrscher) Osman auch „Osmanen" genannt werden, Kleinasien an sich rissen, Bulgaren und Serben unterwarfen und 1453 die am besten befestigte Stadt am Mittelmeer, Konstantinopel, eroberten.

M1 Der Fernhandel zwischen Asien und Europa im späten Mittelalter.

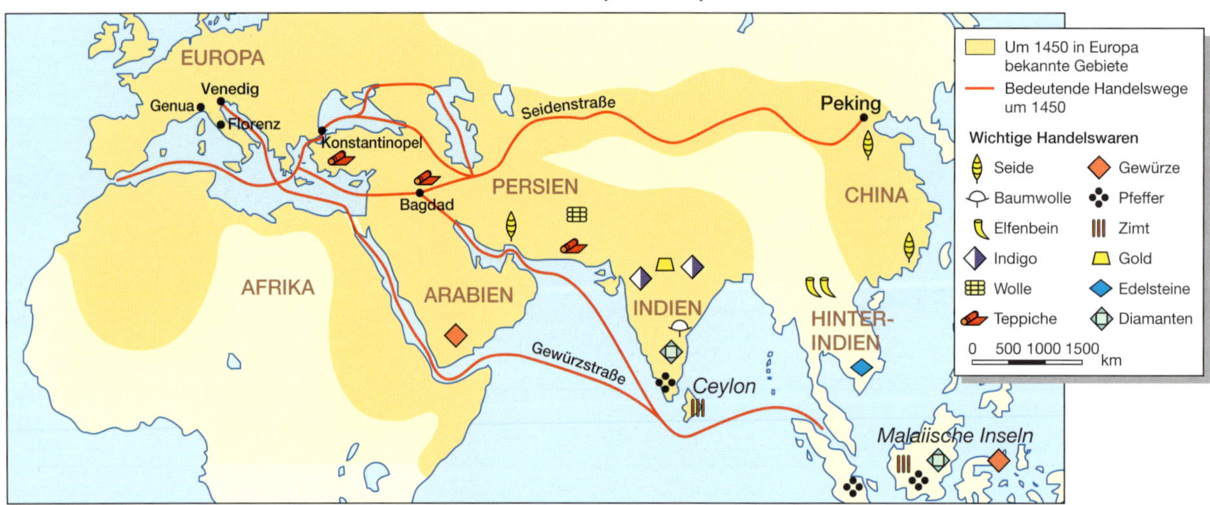

1. *Europa bezog viele Waren aus Asien (siehe Karte M1):*

aus Arabien: ______________; aus Persien: ________________________________; aus Indien:

____; aus China: ____________________;

aus Hinterindien: ____________________; von den Malaiischen Inseln: ___________________.

2. *Die Türken verlangten nun in Alexandria und Konstantinopel für 1 Kilogramm Pfeffer 40 Gramm Silber. Belausche das Gespräch der venezianischen Kaufleute.*

Seemannsgarn

Um nicht auf den lukrativen Orienthandel zu verzichten, versuchte man, auf dem Seeweg Indien zu erreichen. Seit Beginn des 15. Jahrhunderts erforschten portugiesische Seefahrer die Westküste Afrikas. Ihre Kühnheit ist bewundernswert, erzählte man sich doch schreckliche Dinge über fremde Meere und Länder.

1. *Seeleute berichteten:*
   a) *Auf dem Meer wimmele es von Ungeheuern, welche ganze Schiffe verschlängen.*
   b) *Wer am Äquator vorbeisegle, bekomme im Nu eine schwarze Haut.*
   c) *Im Süden beginne der Ozean zu kochen.*
   d) *Im Norden zögen Magnetberge die Schiffe an.*
   e) *Es gäbe Menschen mit einem riesengroßen Fuß (M1), um sich vor den sengenden Sonnenstrahlen zu schützen.*

   Male zu einer dieser Geschichten ein Bild.

M1 Aus einer französischen Handschrift, 14. Jahrhundert.

2. *Im Jahr 1487 umsegelte Bartolomé Diaz (um 1450–1500) die Südspitze Afrikas. Wegen der rauen See nannte er sie „Kap der Stürme". Sein König taufte sie in „Kap der Guten Hoffnung" um. Welche Hoffnung verband der König mit der Umseglung Afrikas? (Ein Kap ist eine auffällige Landspitze, die ins Meer hineinragt.)*

Land in Sicht!

Auch Christoph Kolumbus (1451–1506) wollte auf dem Seeweg nach Indien. Seine Überlegung: Wenn die Erde eine Kugel ist, dann braucht man „nur" nach Westen zu segeln, um eines Tages an die „Rückseite" Indiens zu gelangen.
Anfang August 1492 stach Kolumbus mit der „Santa Maria", der „Nina" und der „Pinta" in See. Im Oktober landeten die spanischen Schiffe auf einer Bahama-Insel. Kolumbus taufte sie San Salvador (= Heiliger Retter) und nahm sie für die spanische Krone in Besitz.

M1 Kolumbus schrieb in sein Tagebuch:
Die Einwohner scheinen arme Leute zu sein. Sie gehen allesamt nackt herum. Eisenwaffen kennen sie nicht. Schwerter, die ich ihnen zeigte, berührten sie an der Schneide und schnitten sich. Sie sind gewiss hervorragende Diener.

Frei zit. n. Eberhard Schmitt (Hg.), Dokumente zur Geschichte der europäischen Expansion, Bd. 2: Die großen Entdeckungen, München 1984, S. 113 f.

1. *Was halten die Spanier von den Eingeborenen? Was hatten sie wohl vor (M1)?*

___

___

___

___

2. *Warum heißen die Einwohner Süd- und Nordamerikas Indios bzw. Indianer?*

___

___

___

M2 Kolumbus landet in Amerika. Jugendbuchillustration.

3. *Notiere, was der Junge vorn auf dem Bild wohl seinem Stamm berichtet hat.*

___

___

___

Entdeckungsfahrten

Goldgier, Machthunger, Missionseifer, Abenteuerlust sowie der Drang, Neues kennenzulernen, veranlassten zahlreiche Europäer, das Wagnis der Entdeckungsfahrten einzugehen.

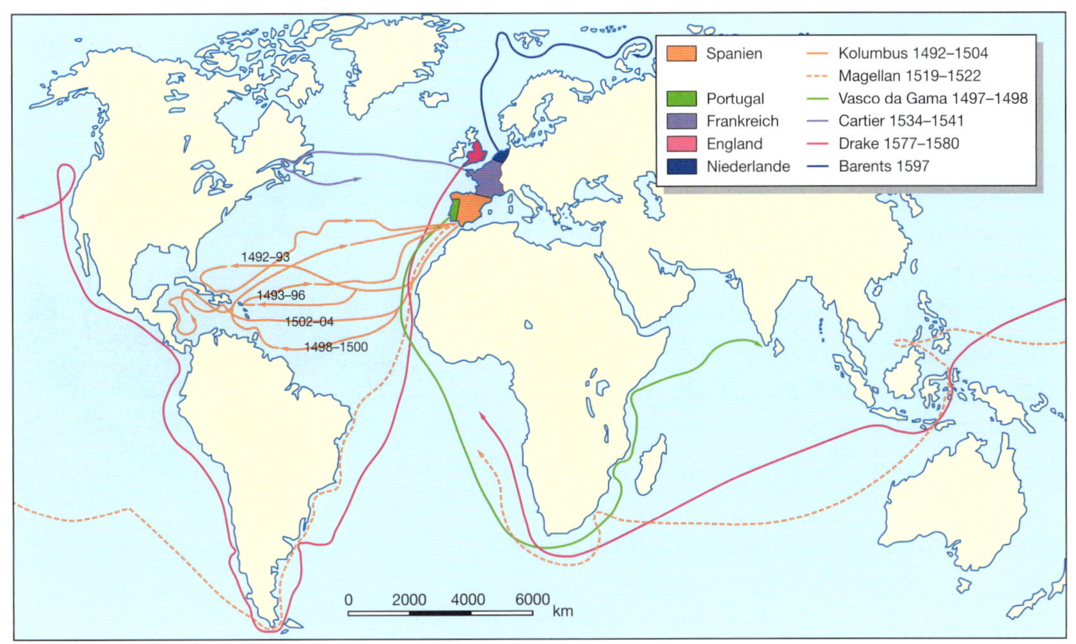

M1 Wichtige Entdeckungsfahrten im 15. und 16. Jahrhundert.

1. *Trage in die Karte ein: Afrika, Südamerika, Nordamerika, Kap der Guten Hoffnung, Malaiische Inseln.*

2. *Wie viele Fahrten in die „Neue Welt“ unternahm Kolumbus?* ______________________

3. *Wer fand als Erster den Seeweg nach Indien?* ______________________

4. *Ein Schiff von Ferdinand Magellan (1480–1521) umsegelte als erstes die Welt. Beschreibe in groben Zügen die Route.*

____

____

5. *Welcher Seefahrer (vgl. M1) fährt da vorbei (M2)? Begründe kurz.*

____

____

____

____

____

M2 Jugendbuchillustration.

Den Entdeckern folgten die Eroberer

1519 überfiel Hernán Cortés mit rund 500 Soldaten, 16 Pferden und 14 Geschützen das Reich der Azteken. Zwei Jahre später zerstörte er deren Hauptstadt Tenochtitlán. Die indianische Hochkultur wurde Teil des spanischen Königreichs.

1. *Über die Azteken informiert der Lückentext. Setze die folgenden Wörter richtig ein: Adler, Azteken, Kriegsgefangene, Mexiko, Sonnengott, Staat, Stämme, Tenochtitlán.*

M1 Wappen von Mexiko.

Dort, wo ein ________ auf einem Kaktus eine Schlange vertilge, sollten die ________________ sich niederlassen – so der Rat eines Priesters. In der Nähe der heutigen Stadt ____________ sahen sie ein solches Schauspiel. Die Azteken, die auch Mexika hießen, legten die Sümpfe trocken und bauten auf den Inseln eine Stadt: ______________________. Sie unterwarfen die benachbarten __________________ und schufen den mächtigsten ________________ in Mittelamerika. Die Azteken glaubten, sie müssten die Sonne mit menschlichem Blut ernähren. So führten sie immer wieder Kriege, denn es waren vor allem __________________, die dem _____________________ geopfert wurden.

M2 Aztekischer Krieger (links) im Kampf. Jugendbuchillustration.

M3 Die Spanier auf dem Weg nach Tenochtitlán. Abbildung aus dem Codex Azcatitlan, 16. Jh.

2. *Begründe mithilfe der Bilder und Texte, wie es den wenigen spanischen Konquistadoren (= Eroberer) gelingen konnte, das Aztekenreich zu zerschlagen.*

____

____

Pizarro erobert das Inkareich

1532 rückte Francisco Pizarro (um 1478–1541) gegen das Reich der Inkas vor. Diese Hochkultur lag im Westen Südamerikas und erstreckte sich mit einer Länge von über 3000 Kilometer von Ecuador bis nach Chile. Die Unterwerfung der Inkas dauerte Jahrzehnte.

1. *Was ist richtig? Streiche die falschen Satzteile durch. Die Buchstaben hinter den richtigen Satzteilen ergeben das Lösungswort.*

   Das Gebirge, welches das Inkareich durchzieht, sind die Alpen (S) / sind die Anden (K).
   Die Inkas haben Terrassenfelder angelegt, um höhere Erträge zu erzielen (A) / um nicht den Hang hinunterzurutschen (A).
   Sie bearbeiteten den Boden mit einfachen Geräten (R) / mit eisernen Grabstöcken (N).
   Sie bauten vor allem Mais (T) / Getreide (S) an.
   Ihr wichtigstes Tier war das Pferd (I) / das Lama (O).
   Die Aristokraten des Inkareiches trugen goldene Schmuckplättchen an den Ohren (F) / an der Nase (B).
   Die Spanier nahmen den Inkaherrscher Atahualpa gefangen (F) / schlossen mit Atahualpa einen Freundschaftsvertrag (A).
   Sie töteten Atahualpa, weil er ihnen nicht eine Kammer mit Gold füllen ließ (R) / obwohl er ihnen eine Kammer mit Gold füllen ließ (E).
   Die Hauptstadt der Inkas hieß Bottrop (T) / Cuzco (L).

   Das Lösungswort heißt: _ _ _ _ _ _ _ _ _ _ _

2. *Schreibe den richtigen Text in dein Heft.*

M1 Die Inkas bearbeiten Terrassenfelder. Jugendbuchillustration.

M2 Krieger tragen den Aztekenherrscher in der Sänfte. Jugendbuchillustration.

M3 Atahualpa in der Gefangenschaft von Pizarro. Jugendbuchillustration.

Kartoffeln und Pferde

Nach der Zerstörung der indianischen Reiche regierten spanische Vizekönige das Land. Jeder Spanier, der sich in den Kolonien niederlassen wollte, erhielt Land sowie Indianer, die für ihn arbeiten mussten. Schon bald entwickelte sich zwischen der „Alten" und der „Neuen Welt" ein reger Warenaustausch, von dem vor allem die Europäer profitierten.

1. *Identifiziere die Pflanzen aus der „Neuen Welt" (M1) mithilfe der Karte M2 und beschrifte sie.*

M1 Pflanzen aus der neuen Welt.

M2 Handel zwischen Amerika und Europa.

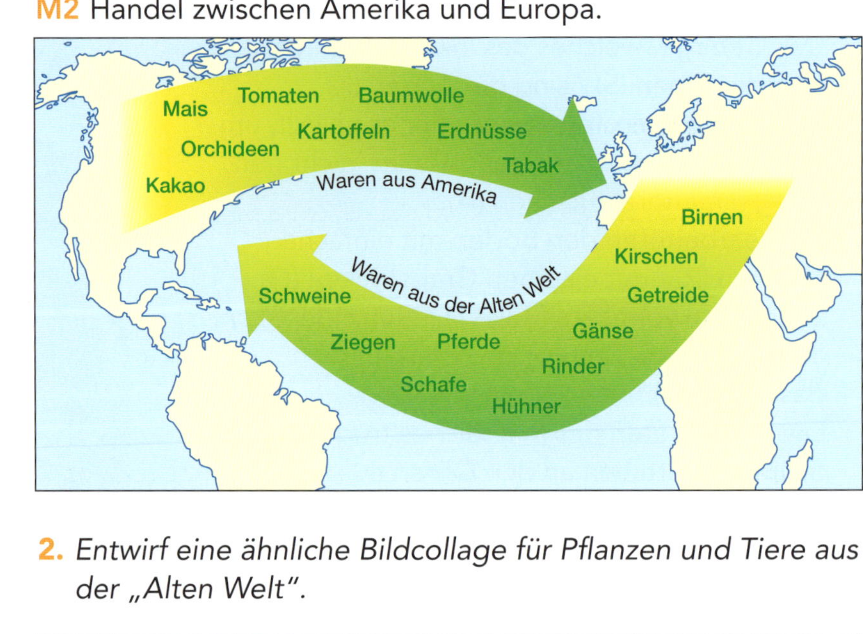

2. *Entwirf eine ähnliche Bildcollage für Pflanzen und Tiere aus der „Alten Welt".*

Afrikanische Sklaven für Amerika

Die weißen Herren errichteten Plantagen; das sind große landwirtschaftliche Betriebe, auf deren Feldern hauptsächlich ein und dieselbe Pflanze angebaut wird (= Monokultur).
Kriegswirren, Ausbeutung und besonders Seuchen hatten die indianische Bevölkerung stark dezimiert, sodass oftmals Arbeitskräfte fehlten. Daher überfielen Sklavenjäger in Afrika Dörfer, nahmen gesunde Männer und Frauen gefangen und brachten sie nach Amerika. Nicht selten beteiligten sich auch schwarze Herrscher an dem gewinnbringenden Sklavenhandel.

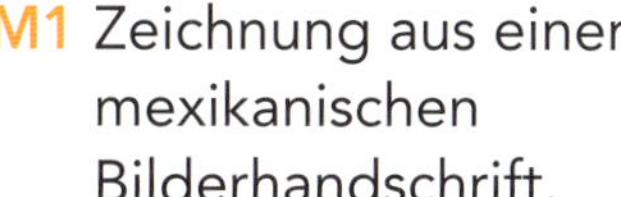

M1 Zeichnung aus einer mexikanischen Bilderhandschrift.

1. *Was fällt dir zu dem aztekischen Bild M1 ein?*

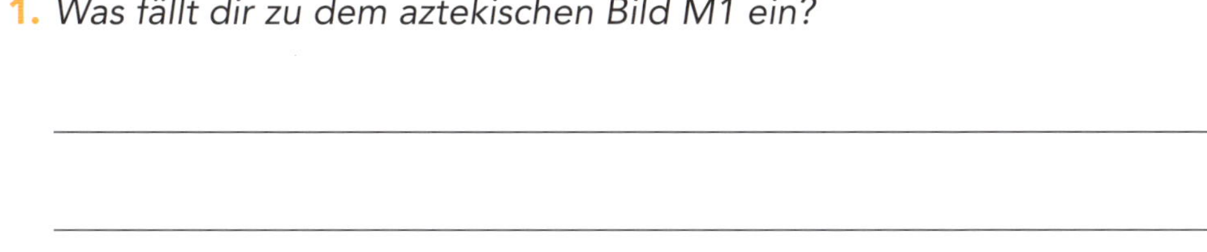

____

____

____

2. *Es gab Baumwoll-, Kaffee-, Tabak- und Zuckerrohr-Plantagen. Um was für eine Plantage handelt es sich auf dem Bild M2?*

____

____

____

M2 Arbeit auf einer Plantage. Jugendbuchillustration.

3. *„Die Neue Welt wird europäisch." Erläutere diesen Satz. (Die beiden Bilder M1 und M2 helfen dir dabei.)*

____

____

Seeweg mit Hindernissen

M1 Ein Schriftsteller erzählt:

Bartholomeo hockte auf dem Deck und stocherte angewidert in dem Napf herum. Rattenfraß! Ja, tatsächlich, Rattenfraß, denn die einzigen an Bord, denen das Zeug schmeckte und die feist und gesund herumliefen, waren die Ratten.

Aber einem Menschen war diese Nahrung nicht zuzumuten. Eingesalzenes Schweinefleisch, das trotz Wässern und Kochen mit einer grünen, stinkenden Schmiere bedeckt war, Trockenfisch, aus dem sich fette weiße Maden mit schwarzen Köpfen ringelten, und Hartbrot, das sich in Staub auflöste, wenn man es anfasste, so sehr hatten die Ratten es schon zernagt. Wer noch ordentlich satt werden wollte, musste sich ein paar Ratten fangen. Abgezogen, ausgenommen und gebraten, waren sie das begehrteste Nahrungsmittel, das einzige, das nicht nach Verwesung und Schimmel schmeckte. Aber sie ließen sich verdammt schwer fangen.

Die meisten Seeleute saßen an Deck wie er, aber teilnahmslos und ohne ihr Essen anzurühren.

Sie waren bleich unter ihrer Sonnenbräune, ihre Augen lagen tief in den Höhlen. Wenn sich einer erhob, um die Latrine zu benutzen, sah man ihm an, dass ihm jede Bewegung Schmerzen bereitete, wenn einer den Mund aufmachte, sah man das geschwollene, blutige Zahnfleisch und die Lücken zwischen den Zähnen.

Skorbut, die schreckliche Krankheit der Seeleute, deren Ursache niemand kannte, hatte sie befallen, die Mannschaften aller vier Schiffe, und inzwischen verging kaum ein Tag, an dem nicht auf irgendeinem ein kurzes Gebet gesprochen und dann ein Leichnam der See übergeben wurde.

Mühsam erhob sich Bartholomeo. Er würde jetzt zum Kommandanten gehen und ihm sagen, worin er die einzige Chance sah, dass vielleicht einige von ihnen lebend die Heimat erreichten – vielleicht.

Vasco da Gama hörte ihn ruhig an. Dann strich er sich seinen dichten schwarzen Bart und nickte.

„Du hast recht“, sagte er. „Zwar glaube ich fest, dass wir uns auf dem richtigen Kurs befinden, aber dennoch, es kann noch Monate dauern, bis wir nach Indien gelangen.“

„Wir werden Folgendes tun“, fuhr er dann fort, in einem Ton, als ob er überlegte, mit wem er zu Abend speisen wolle, „wir werden nordwestlichen Kurs steuern und, meiner Berechnung nach, morgen oder übermorgen den afrikanischen Kontinent sichten. Vielleicht haben wir Glück und stoßen auf fruchtbares Land; dort, bei guter Verpflegung und reichlich Wasser, werden sich die Folgen des Skorbuts möglicherweise lindern lassen, so dass wir es wagen können, die Heimfahrt anzutreten.“

Wie der Kommandant es anordnete, so geschah es. Der nächste Tag war der, den Bartholomeo, wann immer er später von der Reise erzählte, als den Tag der Wunder bezeichnete. Kaum war die Sonne aufgegangen, da kreuzten Schiffe ihren Kurs, große, seetüchtige Handelsschiffe; als sie wieder unterging, lagen sie im Hafen einer Stadt vor Anker. Die Stadt hieß Malindi und war ein arabisches Handelszentrum, ein Stützpunkt, von dem aus der Handel mit Indien betrieben wurde. Bartholomeo wusste nicht, ob es an der freudigen Nachricht oder an den reichhaltigen frischen Speisen lag, aber nach zwei Wochen waren die meisten Männer gesund.

Ein arabischer Lotse brachte die Schiffe dann in 23 Tagen an die Küste Vorderindiens. Sie hatten es geschafft, sie hatten den Seeweg nach Indien gefunden!

Als Bartholomeo und Vasco im Hafen der Stadt Calicut an Bord ihres Schiffes ihr erstes üppiges indisches Mahl einnahmen, rief der Kommandant glücklich: „Na, mein Freund, jetzt haben sich all die Strapazen doch noch gelohnt!“

Bedächtig nickte Bartholomeo und biss mit Genuss in einen saftigen Hühnchenschenkel, „nur – ob ich noch einmal eine gebratene Ratte hinunterbrächte, das weiß ich wirklich nicht!“

Er blickte auf und sah erschrocken, dass Vasco ganz grün im Gesicht war. „Was hast du denn?“, fragte er besorgt. Aber dann merkte er, dass ihm selber mulmig wurde, und er wechselte schleunigst das Thema.

Erzählt nach Harald Parigger, Geschichte erzählt, Von der Antike bis zum 20. Jahrhundert, Frankfurt a.M. 1994, S. 250–253.

M2 Karacke (Segelschiff, mit dem die Spanier und Portugiesen im 16. Jahrhundert den Atlantik überquerten). Jugendbuchillustration.

1. *Welches Ziel hatte Vasco da Gama?* ______________________________

2. *Wie hieß die gefürchtete Seemannskrankheit?* ______________________________

3. *Schildere weitere Gefahren und Probleme für Seeleute, welche wochenlang auf hoher See waren.*

____

____

____

____

4. *Die Ursache für Skorbut ist Vitaminmangel. Warum aßen die Matrosen nicht täglich frisches Obst und Gemüse?*

____

____

5. *Auf Seereisen hat sich später das vitaminreiche und haltbare Sauerkraut bewährt. Finde heraus, wie es hergestellt wurde.*

Kurfürsten wählen den König

Während des Streits zwischen König und Papst (s. Seite 14) nutzten Herzöge und Grafen, Bischöfe und Äbte die Gelegenheit, ihre eigene Macht auszubauen.
1356 setzten sieben mächtige Fürsten durch, dass künftig sie allein den König wählten. Ein anderes Wort für „wählen“ ist „küren“. Daher nennt man diese Fürsten „Kurfürsten“.

1. *Der Vertrag zwischen Kaiser Karl IV. und den Kurfürsten heißt Goldene Bulle. Versuche herauszubekommen, woher dieser ungewöhnliche Name stammt (z. B. unter: www.wissen.de).*

2. *Zu den wahlberechtigten Fürsten gehörten die Erzbischöfe von Trier, Köln und Mainz, ferner der Pfalzgraf bei Rhein, der Herzog von Sachsen-Wittenberg, der Markgraf von Brandenburg sowie der König von Böhmen. Schreibe die Namen der 7 Kurfürsten in die richtigen Zeilen.*

M1 Kaiser Karl IV. und die sieben Kurfürsten. Buchmalerei, Augsburg, 1370.

3. *Die Wörterschlange hat mehrere Begriffe verschluckt. Such dir zwei aus und erläutere sie.*

Fragen und Antworten

1. *Löse das Silbenrätsel. Die Zahl am Ende der Zeile nennt den Buchstaben für das Lösungswort, den du unten in das Kästchen einträgst.*

A – al – Bo – Buch – bus – cker – dru – Fug – ger – ger – He – hu – Ko – Ko – kus – La – le – Li – log –lum– ma – ma – Mo – na – na – nen – ni – Os – pa – per – sa – ta – Ver – xen

a) Bekannter Astronom (5) ________________

b) Augsburger Unternehmerfamilie (5) ________________

c) Mittelalterliche Universitätsstadt (6) ________________

d) Inkaherrscher (1) ________________

e) Bild von Leonardo da Vinci (6) ________________

f) „Entdecker" Amerikas (8) ________________

g) Anderes Wort für Türken (2) ________________

h) Nutztier der Inkas, s. Bild (2) ________________

i) Zauberkundige Frauen (5) ________________

j) Handwerker, s. Bild (3) ________________

k) Unternehmer, der Rohstoffe und Arbeitsgeräte zur Verfügung stellt (2) ________________

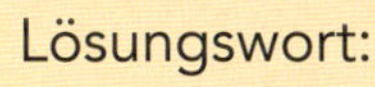

Lösungswort:

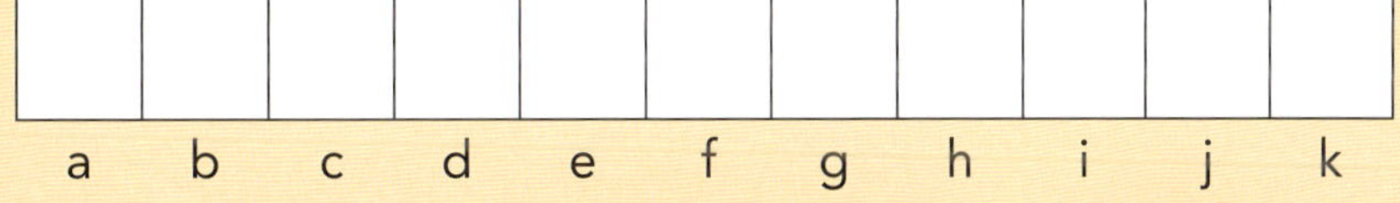

a	b	c	d	e	f	g	h	i	j	k

Bildquellen

AKG, Berlin: Umschlag, 35 (3), 58 o., 59 (2), 60 (2), 64 (2)
AKG London: British Library London: 59 (3)
Ars Wolfegg. Kunst und Kultur Schloss Wolfegg: 63 (1)
Bailey, A./Reit, S., Europa im Mittelalter (Illustrierte Weltgeschichte für junge Leser), 1985, Neuer Tessloff Verlag (© Western Publishing Company, Inc. und Librairie Hachette, 1969): 2 (1), 8 (2)
Bibliothèque Nationale Paris: 69
Bildarchiv Preußischer Kulturbesitz, Berlin: 10 (1), 50 (1.4), 60 (1), 62, 72 (3), 78
Brehm, C., Paderborner Königsbote. Begleitheft für Kinder zur Ausstellung „799 – Kunst und Kultur der Karolingerzeit", 1999, Schöningh: 6
Brighelli, J.-P. u. a.: Die Zeit der Renaissance (Die große Bertelsmann Enzyklopädie des Wissens), 1993, Bertelsmann: 63 (2)
corbis, Düsseldorf: Umschlag, Innentitel
Dambrosio, M./Barbieri, R., Das Mittelalter (Die Geschichte des Menschen), 1989, Tessloff: 55 (Ill. Remo Berselli, Antonio Molino u. Giacinto Gaudenzi)
Dambrosio, M./Barbieri, R., Die Völkerwanderung (Die Geschichte des Menschen), 1989, Tessloff: 4 o., 5 (1) (Ill. Remo Berselli u. Antonio Molino)
Deutsches Museum, München: 66, Lösungsteil S. 14
Fischer, K., Berlin: 45
German Wikipedia, original upload 1. Jan. 2003 by Saharadesertfox: 50 (1.2)
Giraudon, Paris: 46
Gruber, K., Die Gestalt der deutschen Stadt. Ihr Wandel aus der geistigen Ordnung der Zeiten, 2. Aufl. München 1976; wieder abgedruckt in: Klotz, H., Geschichte der deutschen Kunst; 1. Bd.: Mittelalter 600–1400, 1998, C. H. Beck.: 40 (2)
Hernandez, X./Comes, P./Barmi, A., Mediterranean City through the Ages, 1990, Houghton Mifflin: 42
Hug, W. (Hg.), Unsere Geschichte. Bd. 2, Frankfurt a. M. (Diesterweg) 1987, S. 82: 75 (1)
Johnston, J./Steffensen, J. L., Das Zeitalter der Reformation (Illustrierte Weltgeschichte für junge Leser, hg. v. I. Shapiro u. J. Bartlett, Bd. 8), 1969, Neuer Tessloff Verlag (© Western Publishing Company, Inc. und Librairie Hachette, 1969): 3 (2), 77
Kingma, R., Münzen u. Geld, 1985, Tessloff: 50 (1.1, 1.3, 1.5)
Köthe, R., Architektur (Was Ist Was), 2006, Tessloff: 18 (2)
Köthe, R., Entdecker und ihre Reisen, 2006, Tessloff: 74 (1)
Luxardo, H., So lebten sie zur Zeit der Französischen Revolution, 1987, Tessloff (© Hachette, Paris, 1987): 75 (2) (Ill. Pierre Probst)
Miquel, P., So lebten sie zur Zeit der großen Entdeckungen, 1979, Tessloff (© Librairie Hachette, Paris, 1976): 50 (2), 64 (1), 65 (4), 79 (2) (Ill. Claude u. Denise Millet)
Miquel, P., So lebten sie zur Zeit der Ritter und Burgen, 1979, Tessloff (© Librairie Hachette, Paris, 1976): 2 (2), 3 (1), 15, 19, 20 o., 21 (1), 24 (1), 28, 29, 30, 36, 37, 38 o., 39, 40 (1), 43, 44, 47, 48, 49 (2), 51, 57 (Ill. Pierre Probst)
Morris, N., Der große Xenos Atlas Mittelalter, 1999, Xenos: 68 u.
Münchow, Anne, Aachen: 14 (1)
Nougier, L.-R., So lebten sie zur Zeit der Maya, Azteken und Inka, 1982, Tessloff (© Hachette, Paris, 1981): 72 (2), 73, 79 (1) (Ill. Pierre Joubert)
Nougier, L.-R., So lebten sie zur Zeit der Wikinger, 1983, Tessloff (© Hachette, Paris, 1982): 7 (1), 12 (1), 13 (Ill. Pierre Joubert)
Périn, P./Forni, P., So lebten sie zur Zeit der Völkerwanderung, 1985, Tessloff (© Hachette, Paris, 1982): 8 (1) (Ill. Pierre Joubert)
Peschke, H.-P. von, Mittelalter (Was Ist Was), 2004, Tessloff: 5 (3), 17 (Ill. Nikolaj Smirnov)
Pierre, M., Europa im Mittelalter (Geschichte der Menschheit); 1990, Union: 49 (1), 53
Sagnier, C., Mittelalter (Wissen mit Pfiff), 2005, Fleurus: 27 (1), 33, 41
Sancha, S., Das Dorf: so lebte man im Mittelalter auf dem Lande, 1993, Gerstenberg: 32
Sassier, M. u. a. (Hrsg.), Ritter und Burgen, 1989, vgs: 23, 26 (1), 27 (2)
Staatliche Museen zu Berlin: 61 (1)
Tessloff Verlag, Hamburg/Nürnberg: 7 (2), 70, 71 (2)
Tourismusverband Sachsen-Anhalt e. V.: 18 (1 und 3)
Universitätsbibliothek Heidelberg: S. 25 und Lösungsteil, S. 5

Unterrichtshinweise und Lösungen

Die didaktischen Anregungen enthalten in der Regel eine Leitfrage, einen Impuls oder einen Auftrag.

Seite 4: **Glaube und Herrschaft**

Didaktische Anregungen: Die Schülerinnen und Schüler sprechen über das Frühe Mittelalter.

Seite 5: Bete und arbeite!

Lösungen: **1** Ein Mönch musste nicht versprechen: zweimal am Tag zu duschen. So genau nahm man es nicht mit der Hygiene. Viermal in der Woche zu fasten. Das haut auf die Dauer den stärksten Mann um. **2** Das Kloster war eine Stätte des Gebets, der Arbeit und der Wissenschaft. Mönche gaben die Kenntnisse des Altertums weiter und leisteten Hervorragendes im Handwerk sowie in der Landwirt-schaft.

Infos: Mönche haben eine kahle Stelle auf dem Kopf (= Tonsur). Einige Wissenschaftler meinen, der Haarkranz solle an die Dornenkrone Christi erinnern, andere behaupten, die Tonsur leite sich vom Brauch der Römer ab, ihre Sklaven kahl zu scheren. 1973 wurde die Tonsur von Papst Paul VI. abgeschafft.

Didaktische Anregungen: Passen Mönche noch in unsere Zeit?

Seite 6: Kunstvolle Initialen

Didaktische Anregungen: Oftmals sind Initialen mit Figuren verziert. Deine Initiale könnte etwas enthalten, was typisch für dich ist.

Didaktische Anregungen: Wie schrieben die Mönche im Frühen Mittelalter?

Seiten 7: Ich taufe dich …

Lösungen: **1** Fürsten – Fass – Dorfbewohner – politischen – Gallien – Taufe – Franken – Glauben – Religion – Zusammenhalt – Äbten – Reich **2** Bonifatius wurde von den Friesen erschlagen.

Didaktische Anregungen: Missionierung – auch heute noch?

Seite 8: Und willst du nicht mein Bruder sein

Lösungen: **2** Wer sich weigerte, zum christlichen Glauben überzutreten, wurde getötet. **3** Die Christianisierung förderte die Eingliederung der Sachsen in das Fränkische Reich. **4** Der Papst krönt Karl den Großen zum Kaiser (und macht ihn damit zum Nachfolger der römischen Cäsaren).

Infos: In Byzanz gab es ebenfalls römische Kaiser. Diese ließen sich nicht krönen, sondern setzten sich die Krone selbst auf.

Didaktische Anregungen: Was bedeutete es, wenn der Papst einen König zum Kaiser krönte?

Seiten 9: Ein Herrscher auf Reisen

Lösungen: **1** Der Seneschall ist verantwortlich für den Haushalt, der Marschall für die Pferdeställe, der Mundschenk für die Getränke und der Kämmerer für die Finanzen.
2 Siehe Karte rechts!
3 Deutschland und Frankreich

Infos: Der Schenk achtete darauf, dass am Hof die Getränke – vor allem der Wein – nicht ausgingen. Wir sagen heute noch: „Schenk mir ein, mein Glas ist leer!"
Krieger, Berater, Familienangehörige und Bedienstete begleiteten Karl den Großen auf seinen Reisen. Das waren manchmal bis zu 1000 Leute, die versorgt werden mussten.

Didaktische Anregungen:
Hurra/Hilfe, der König kommt!

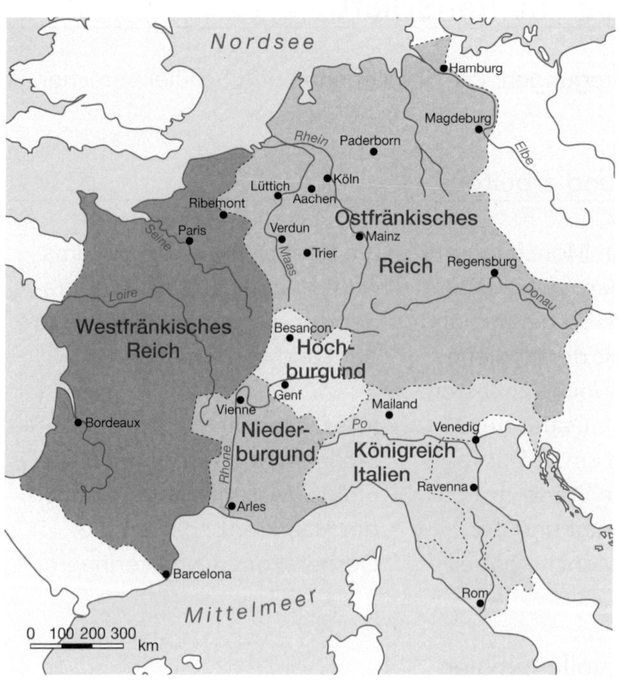

Seite 10/11: Deine Feinde sind meine Feinde

Lösungen: **1** Lehnsherr **2** Siehe rechts! **3 a)** Kronvasallen haben ihr Lehen aus der Hand des Königs empfangen. **b)** Untervasallen haben ihr Lehen von einem Feudalherrn empfangen. **c)** Ämter **d)** Der Vasall war seinem Lehnsherrn verpflichtet – nicht jedoch, wenn dieser gegen den König kämpfte.
Info: Das Bild stammt aus Eike von Repgows „Sachsenspiegel", einem der ältesten Rechtsbücher des Mittelalters, das zwischen 1220 und 1235 entstand.

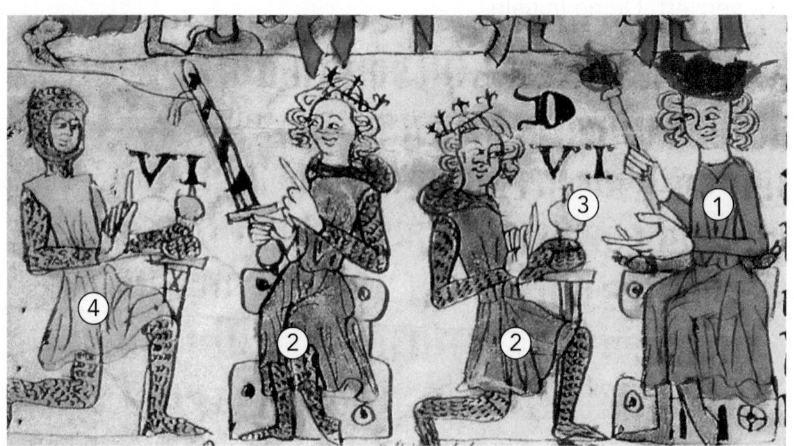

Didaktische Anregungen: Das mit dem Lehen konnte nicht gut gehen! (Denk daran, der Vasall hatte in der Regel Kinder.)

Seite 12/13: Die Wikinger kommen

Lösungen: **1** Drachenboot – Mitte – Segel – Ruderplätze – Personen – Land **2 a)** D; **b)** R; **c)** A; **d)** C; **e)** H; **f)** E; **g)** N; **h)** S; **i)** C; **j)** H; **k)** I; **l)** F; **m)** F; **n)** E. Das **Lösungswort** heißt: Drachenschiffe.

3 Zum Beispiel: Indianer überfallen einen Wikingerhof – Wikinger kehren mit Beute beladen zu ihren Schiffen zurück – Auf einem Markt in Nowgorod

4 Die Wikinger überfielen zahlreiche Klöster. Die Mönche, die zu den wenigen zählten, die damals schreiben konnten, haben darüber als Betroffene berichtet.

Infos: Von den fünf Söhnen eines Ehepaares sind der älteste und der jüngste in der Heimat geblieben, die drei anderen in der Fremde gefallen; der eine in Bornholm und die beiden anderen in Schottland sowie in Konstantinopel. (Nach einer schwedischen Grabinschrift, in: Marc Bloch: Die Feudalgesellschaft, Frankfurt 1982, S. 59.)

Didaktische Anregungen: Was wisst ihr über die Wikinger und ihre Drachenschiffe?

Seite 14: Wer ist mächtiger: Kaiser oder Papst?

Lösungen: **1** Weil die Bischöfe, von weltlichen Herren eingesetzt, oftmals keine Geistlichen waren. **2** Der König brauchte Äbte und Bischöfe zur Verwaltung seines Landes.
3 a) Wenn der König ein starkes Heer hinter sich hatte, konnte er missliebige Päpste absetzen.
b) Einem König, der unter dem Bannfluch stand, brauchten die Vasallen nicht zu gehorchen.
4 Das Domkapitel wählte den Bischof.

Infos: Domkapitel: Die Mitglieder des Domkapitels waren Geistliche, die dem Bischof bei seiner Arbeit halfen.

Didaktische Anregungen: Was ist ein (fauler) Kompromiss?

Seite 15: Ich bin dann mal weg!

Lösungen: **1** Viele Männer und Frauen unternahmen eine Pilgerfahrt: Gottesfürchtige aus Liebe zum Herrn oder aus Dankbarkeit, Missetäter als Buße, Kranke, um gesund zu werden, und Abenteurer, um etwas zu erleben. **2** Legende – Gebeine – Reiter – Meer – Fluten – Muscheln – Erkennungszeichen – Pilger – Trinkgefäß

Didaktische Anregungen: Warum pilgern heute noch Tausende von Menschen zu einem Wallfahrtsort?

Seite 16/17: König, Herzog, Bischof

Lösungen: **2** Der König will die Stammesherzöge durch Familienmitglieder ersetzen.
3 Von den neuen Herzögen erwartet er unbedingte Loyalität (= Treue gegenüber dem Herrscher). **4** Fulrad schlägt dem König vor, Äbte und Bischöfe sollten das Reich verwalten. **5** Geistliche haben keine Kinder, für die sie das Herzogtum beanspruchen könnten. **6** Der König befürchtet, dass die Geistlichen in einem Konfliktfalle eher zum Papst als zum König halten.

Infos: Zwischen König und Herzögen bestand ein Interessengegensatz: Der König wünschte sich willfährige Herzöge, die seine Befehle ausführten; die Herzöge wollten einen König, der ihre Macht nicht beschnitt.

Didaktische Anregungen: Was sagten wohl die Bauern zu dem Streit zwischen Papst und König?

Seite 18: Kirchen, massiv wie Burgen

Lösungen: **1 a)** Mittelschiff;
b) Seitenschiffe; **c)** Querschiff;
d) Vierung; **e)** Chor; **f)** Apsis
2 Von links nach rechts: Kreuzgewölbe, Würfelkapitell, Tonnengewölbe **3** Die Kirche bot mit ihren massiven Steinmauern Schutz. **4** Zylinder, Kegel, Halbzylinder, Halbkegel, Quader, Dreiecksäule.

Didaktische Anregungen: Die Schülerinnen und Schüler suchen Kirchen in ihrer Umgebung auf. Wie sehen sie aus? Wann sind sie erbaut worden?

Seite 19: Fragen und Antworten

Lösungen: **1 a)** Benediktiner; **b)** Chlodwig; **c)** Mönche; **d)** Wikinger; **e)** Bischof; **f)** Romanik; **g)** Konkordat; **h)** Initiale; **i)** Feudalismus; **j)** Vasall

Lösungswort: Bonifatius

Didaktische Anregungen: Die Schülerinnen und Schüler stellen Wissensfragen zum Kapitel.

Seite 20: **Ritter und Bauern**

Didaktische Anregungen: Die Schülerinnen und Schüler sprechen über Ritter und Bauern.

Seite 21: Ritter im Kampf

Lösungen: **1** Die Fußsoldaten versuchen, mit Lanzen und Gabeln die Ritter vom Pferd zu stoßen. **2** (10) Armkachel; (3) Halsberge; (7) Kniebuckel; (9) Schnabelschuh; (1) Helm; (12) Panzerhandschuh; (6) Schenkelstück; (4) Brustharnisch; (5) Panzerschurz; (8) Beinröhre; (2) Visier; (11) Unterarmschiene **3** gut gerüstet sein – eine gute Rüstung tragen – gut vorbereitet sein; fest im Sattel sitzen – auf dem Pferd sicheren Halt haben – sich in einer sicheren, ungefährdeten Position befinden.

Infos: Der „Hauptberuf" des Ritters war das „Kriegshandwerk". Kein Wunder, dass er Wert auf eine gute Rüstung legte, gern auf die Jagd ging und häufig an Turnieren teilnahm.

Didaktische Anregungen: Waren Ritter unverwundbar?

Seite 22: Wehrhafte Burgen

Lösungen: **1** 1 Bergfried; 2 Wohngebäude; 3 Palas; 4 Ställe; 5 Wachtürme; 6 Brunnen; 7 Wehrgang; 8 Pechnase; 9 Zugbrücke; 10 Fallgitter; 11 Kapelle; 12 Burggraben

Didaktische Anregungen: Welche Burgen kennst du?

Seite 23: Burgen, feucht und kalt

Lösungen: **1** Burg – Kamine – Bettvorhänge – Zugluft – Winterabenden – Ritter – Laute **2** Du bist mein, ich bin dein, des sollst du gewiss sein; du bist eingeschlossen in meinem Herzen; verloren ist das Schlüsselein, du musst für immer drinnen bleiben.

Infos: Der große Tisch im Rittersaal bestand aus mehreren „Böcken", über die man ein Brett bzw. eine Tafel legte. Nach dem Essen wurde „die Tafel aufgehoben" und mit den Böcken an die Wand gestellt. Nun war genügend Platz für Empfänge, Tanzveranstaltungen oder Gerichtssitzungen.

Didaktische Anregungen: Auf einer Burg wohnen – heute?

Seite 24: Wappen

Lösungen: **1** Müllerzunft, Stadt München, Bundeswappen, Jerusalemkreuz

Infos: Das Münchner Wappen hat ein „sprechendes Zeichen". Denn „München" hieß ursprünglich „bei den Mönchen".

Didaktische Anregungen: Wer hat das schönste (treffendste) Wappen?

Seite 25: Das Burgfräulein und ihr Ritter

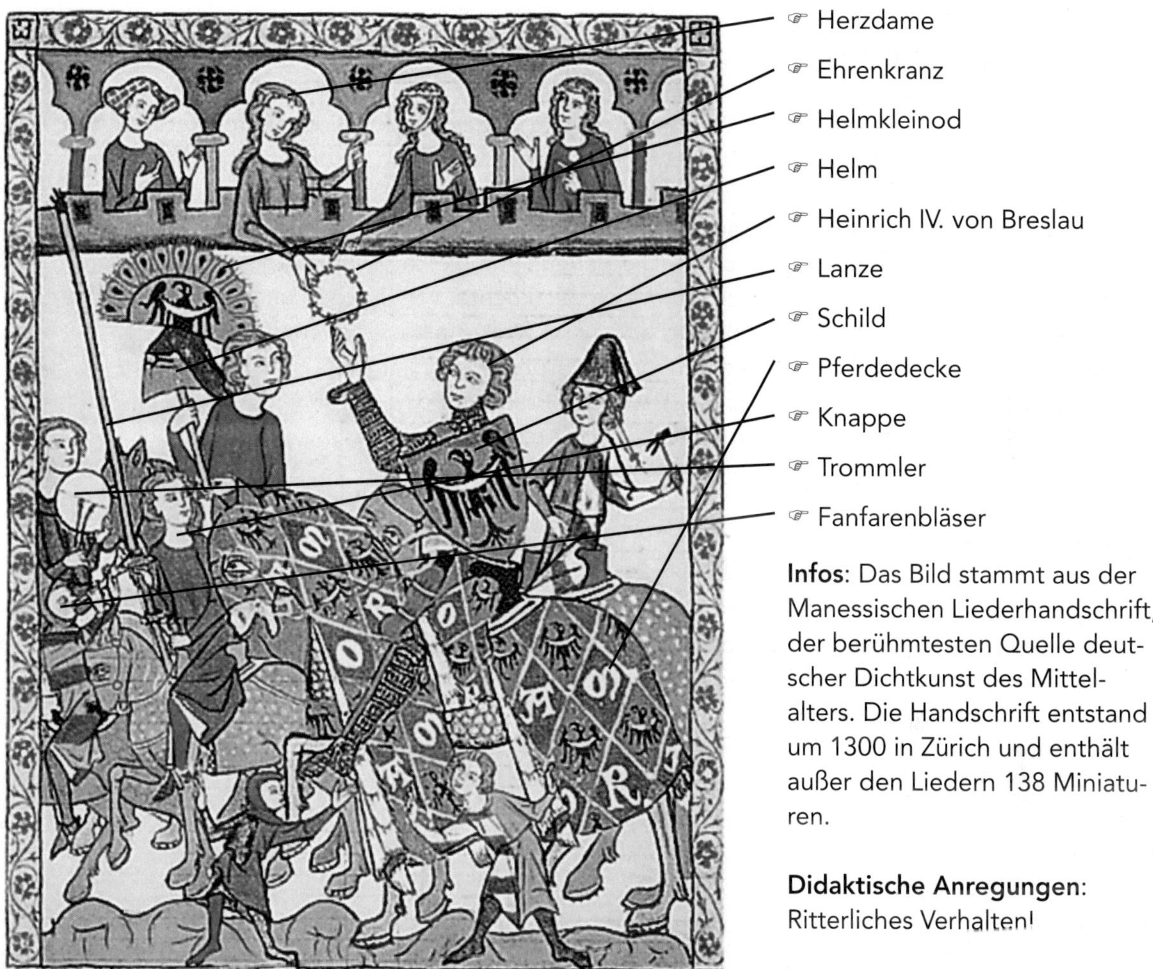

Infos: Das Bild stammt aus der Manessischen Liederhandschrift, der berühmtesten Quelle deutscher Dichtkunst des Mittelalters. Die Handschrift entstand um 1300 in Zürich und enthält außer den Liedern 138 Miniaturen.

Didaktische Anregungen: Ritterliches Verhalten!

Seite 26: Hörige haben zu gehorchen

Lösungen: **1** Die Bauern liefern einen Teil der Ernte und des Viehs ab (Wein, Getreide, Schweine, Schafe, Hühner).
2 Frondienste: säen, pflügen, ernten, dreschen, Zäune ausbessern, Schafe scheren, Schweine hüten, Brot backen und Spanndienste leisten.
3 Die Bauern mussten den zehnten Teil ihrer Ernte an die Kirche abgeben.

Infos: Spanndienste waren Aufgaben, die ein Bauer mit einem Pferde- oder Ochsengespann erledigen musste, wie z. B. Baumstämme transportieren.

Didaktische Anregungen: Die Bauern hatten es früher nicht leicht! – Welche Abgaben müssen wir heute leisten?

Seite 27: Die kleine Welt des Dorfes

Lösungen: **1** Die Kirche **2** Die Bauern richteten sich nach dem Stand der Sonne oder dem Kirchengeläut. **3** Windmühle **4** a) elektrische Beleuchtung – Kerzen, Kaminfeuer; b) Federbett – Strohlager; c) Teppichboden – festgestampfter Boden; d) Tapeten – rußgeschwärzte Lehmwände; e) Gasherd – offenes Feuer; f) Porzellangeschirr – Brettchen, Tongefäße

Didaktische Anregungen: Wie gut wir es heute haben!

Seite 28: Arbeit in Hülle und Fülle

Lösungen: **1** Männer arbeiteten auf dem Feld, errichteten Zäune, fällten Bäume, bauten Hütten, schlugen Steine zurecht, jagten und gingen zur Gerichtsversammlung. Frauen webten, nähten, stickten, rupften Wolle, schlugen Flachs, schoren die Schafe, pflanzten Gemüse.

2 Der Bauer reparierte das Werkzeug, lenkte das Pferdefuhrwerk, traf Absprachen mit dem Grundherrn, schlachtete Tiere … Die Bäuerin kümmerte sich um die Kinder, kochte, versorgte die Tiere im Stall, molk die Kühe, rupfte Hühner und Gänse, sammelte Kräuter und Nüsse für den Winter …

Didaktische Anregungen: Ein arbeitsreicher Tag: Ich muss den Zaun reparieren; ich muss den Zaun reparieren und kochen; ich muss den Zaun reparieren, kochen und die Schafe scheren. Ich muss …

Seite 29: Im Wald

Lösungen: **1** Aus Holz stellte man her: Löffel, Teller, Fässer, Regale, Truhen, Bretter, Tische, Stühle, Geräte, Speere, Zäune, Schiffe, Fuhrwerke …
2 Porzellan, Metall, Kunststoff
3 Im Wald gab es Beeren, Pilze, Knollen, Wurzeln, Bucheckern, aber auch Tiere, die erlegt werden konnten.
4 Rotkäppchen, Der Wolf und die sieben Geißlein, Der Wolf und der Fuchs

Infos: „Der Wolf und der Fuchs", siehe: http://www.maerchenkristall.com/Grimm/W&F.htm

Didaktische Anregungen: Wer hat Angst vor dem bösen Wolf? – Wie gefährlich sind Wölfe?

Seite 30/31: Fortschritte in der Landwirtschaft

Lösungen: **1** Der Acker musste sich „erholen". Wenn der Bauer das gesamte Feld bestellt hätte, wäre der Boden nach einigen Jahren völlig ausgelaugt gewesen. **2** Das Schaubild zeigt eine schematische Darstellung der Zwei- und der Dreifelderwirtschaft. **3** Das Feld wird in drei Bereiche geteilt. Es wechseln Wintergetreide, Sommergetreide und Brache. Nur noch ein Drittel der Ackerfläche bleibt im Jahr ungenutzt.
4 Es wird nicht dreimal so viel geerntet wie früher, sondern nur ein Drittel mehr. **5** Pferd: Das Pferd war stärker … Sein Kummet, ein gepolsterter … Sense: Mit der Sense wurden … Das Stroh verfütterte der Bauer … Pflug: Der eiserne Pflug lockerte … Im Boden befindliche Nährstoffe … Dreschflegel: Die Keule des Dreschflegels landete … Sie schlug dadurch … Düngung: Der ausgelaugte Boden erhielt … Dadurch wurden höhere … **6** Die Kinder wurden mit dem Dreschflegel verprügelt.

Infos: Aufgabe 5: Früher wurde die Hälfte der Ackerfläche genutzt, nun sind es zwei Drittel (1/2 = 3/6 und 2/3 = 4/6). Es steht also ein Sechstel Ackerfläche (= Ernte) mehr zur Verfügung. Und ein Sechstel ist ein Drittel von einem Halben (1/6 und 3/6).

Didaktische Anregungen: Welche Folgen haben höhere Ernteerträge?

Seite 32: Mahle, Müller, mahle

Lösungen: **1** Durch den Wind drehen sich die Flügel der Mühle. Dadurch geraten das Kammrad und das Zahnradgetriebe in Bewegung. Sie drehen den oberen Mühlstein, der das Korn mahlt. **2** Die Mühle befindet sich auf einer Anhöhe, um besser im Wind zu stehen.
3 Der Esel trägt fünf und das Maultier sieben Säcke.

Infos: Die Kinder werden Aufgabe 3 durch Probieren lösen. Die mathematischen Gleichungen lauten: $2(x - 1) = (y + 1)$ sowie $x + 1 = y - 1$, wobei x die Anzahl der Säcke ist, die der Esel trägt.

Didaktische Anregungen: Warum mussten die Bauern ihr Getreide gegen ein relativ hohes Entgelt von der Mühle des Grundherrn mahlen lassen? (Zu Aufgabe 1: Der Text oben rechts auf dem Bild erklärt das Prinzip der Windmühle).

Seite 33: Erfindungen

Lösungen: **1** Die Frauen hatten es bequemer am Webstuhl und konnten deshalb in kürzerer Zeit mehr schaffen. Der Kompass ermöglichte es den Seeleuten, sich auf hoher See zu orientieren. Der Pfeil der Armbrust, mit der sich genauer zielen lässt, hat eine höhere Durchschlagskraft als der des Bogens. Die Zerstörungskraft der Kanone ist um ein Vielfaches höher als die von Katapulten. Mit der Brille lässt sich eine Sehschwäche (teilweise) beheben.

Didaktische Anregungen: Welche neueren Erfindungen kennst du? (TV, Computer ...)

Seite 34/35: Neues Land im Osten

Lösungen: **1** Im Mittelalter war nur Land, das bebaut wurde, wertvoll (Abgaben der Bauern). Darüber hinaus hatte die westliche Landwirtschaft ein höheres Niveau als die einheimische.
2 Wir ziehen nach Osten, weil wir dort ein großes Stück Land erhalten, über unser Land selbst verfügen dürfen, persönlich frei sind, zehn Jahre lang keine Abgaben und Fronarbeit leisten müssen, unsere Kinder es einmal besser haben ... Wir bleiben, weil der Umzug sehr aufwändig ist, es nicht leicht sein wird, sich in der neuen Umgebung einzuleben, viele unserer Verwandten und Nachbarn nicht mitkommen, wir unsere Heimat verlassen ... **3** Lokator – Schultheiß – Schriftstück – Siegel – beglaubigt – Stempel

Didaktische Anregungen: Auch heute verlassen zahlreiche Menschen Deutschland.

Seite 36: Gott will es!

Lösungen: **1** Männer, Frauen und selbst Kinder beteiligten sich an den Kreuzzügen, um Gott zu dienen, Sündenvergebung zu erlangen, Abenteuer zu erleben, einer freudlosen Umgebung zu entfliehen, um sich zu bereichern …

Didaktische Anregungen: Religiöse Kriege!?

Seite 37: Fragen und Antworten

Lösungen: **1** a) Lanze; b) Kamin; c) Armbrust; d) Wappen; e) Urban; f) Kirchenzehnt; g) Visier; h) Brache; i) Palas; j) Frondienst; k) Wassermühle; l) Kummet; m) Ritterschlag
Lösungswort: Eiserner Pflug

Didaktische Anregungen: Die Schülerinnen und Schüler stellen Wissensfragen zum Kapitel.

Seite 38: **Die Stadt und ihre Bürger**

Didaktische Anregungen: Die Schülerinnen und Schüler sprechen über die mittelalterliche Stadt.

Seite 39: Stadt und „Bürger"

Lösungen: **1** Dächer – Stadt – Mauer – Marktplatz – Rathaus – Händler – Zoll
2 Ursprünglich wurde die Stadt als eine größere Burg angesehen. Ihre Bewohner hießen daher „Bürger".

Infos: Noch im 12. Jahrhundert hieß die Stadtmauer „burchmûra" und das Stadttor „burctor".

Didaktische Anregungen: Wo möchtest du leben: in einer Stadt oder auf dem Land?

Seite 40: Wo und wie entstanden Städte?

Lösungen: **1** Stalljungen versorgten die Pferde; Handwerker reparierten die Fuhrwerke; die Bewohner des Rasthauses bewirteten die Gäste; erfahrene Männer halfen bei der Flussüberquerung; Bauern lieferten Getreide und Gemüse; Händler boten ihre Waren an.
2 Stalljungen, Händler, Nachtwächter, Männer, die den Fluss kannten, und andere ließen sich in der Nähe der Raststätte „häuslich" nieder, und ein kleiner Ort entstand, der bald durch eine Mauer geschützt wurde. **3** Die übersichtliche Anlage und das klar gegliederte Straßennetz sprechen für eine planmäßige Ansiedlung.

Infos: Der kleine Ort unterschied sich anfangs nur durch seine gesellschaftliche Struktur von einem Bauerndorf.

Didaktische Anregungen: Wie erwachten die alten Römerstädte zu neuem Leben?

Seite 41: In der Stadt

Lösungen: **1** a) R; b) A; c) T; d) H; e) A; f) U; g) S
Lösungswort: Rathaus

Didaktische Anregungen: Was seht ihr auf dem Bild?

Seite 42: Laden – Werkstatt – Wohnung

Lösungen: **1** Ein Böttcher stellt Fässer her. **2** Im Haushalt benötigte man Waschzuber, Bottiche und kleine Fässer. Wer Flüssigkeiten sowie eingepökelte Nahrungsmittel aufbewahren oder transportieren wollte, brauchte ebenfalls Fässer. **3** Toilette **4** Wasser lieferte der Brunnen im Garten oder auf der Straße.

Didaktische Anregungen: Welche Vorteile hat es, wenn Laden, Werkstatt und Wohnung in einem Haus sind?

Seite 43: Von Hinrichtungen und Leprakranken

Lösungen: **1** Trompeter kündigen eine Bekanntmachung an. Der Herold liest vor, was der Stadtrat beschlossen hat. – Hunderte schauen der Hinrichtung zu. Adlige werden geköpft, einfache Leute gehenkt. – Lichtscheue Gestalten verbringen die Nacht auf dem Friedhof. Die Wächter dürfen diesen heiligen Ort nicht betreten. – Leprakranke machen sich mit einer Rassel bemerkbar. Kirchen und öffentliche Gebäude dürfen sie nicht aufsuchen.

Infos: Vom Ausbruch der Lepra bis zum qualvollen Tod vergingen oft mehrere Jahre. Während dieser Zeit lebten die Aussätzigen außerhalb der Stadt, wenn sie Glück hatten, in einem „Siechenhaus", das man auch „Gutleutehaus" nannte. Leprakranke seien „gut Leute", so glaubte man, weil sie auserwählt seien, für die Laster der Menschen zu sühnen.

Didaktische Anregungen: Übertrage die Ereignisse auf den vier Bildern in unsere Zeit.

Seite 44: Stadtluft macht frei

Lösungen: **1** Wir wollen heiraten, in eine andere Stadt umziehen, Eigentum bilden und frei darüber verfügen. Wir wollen an den kriegerischen Abenteuern unserer Herren nicht länger teilnehmen. Wir wünschen eigene Gesetze und Gerichte.
2 Kaufleute waren fachkundig, kamen viel im Lande herum und waren bereit, Risiken einzugehen. Das machte sie reich und selbstbewusst.
3 Auseinandersetzungen – Stadtherrn – Recht – Stadtluft – Bürger – Ratsherren – Bürgermeister

Didaktische Anregungen: Denkt euch Abenteuer aus, die ein Kaufmann erlebt hat.

Seite 45: Auf dem Markt ist immer was los

Lösungen: **1** Links auf dem Bild behandelt ein „Zahnarzt" einen Patienten, in der Mitte führt ein Gaukler Kunststücke vor und rechts unten bietet ein Schreiber seine Dienste an. **2** und **3** Kartoffeln, Mais und Tomaten sind Pflanzen aus der Neuen Welt. Sie wurden erst Ende des 16. Jahrhunderts und später in Europa angebaut.

Infos: Pflanzen aus der Neuen Welt, siehe Seite 74.

Didaktische Anregungen: Versuchst du, auf Märkten zu handeln oder zahlst du den verlangten Preis?

Seite 46: Bewohner einer Stadt

Lösungen: **1** Stichwort: Mittelschicht – Unterschicht: Beruf: Schreiner – Tagelöhner; Gewänder: Arbeitskleidung – Lumpen; Haus: geräumiges Haus mit vergitterten, nicht verglasten Fenstern – Hütte mit morschen Holzwänden und einer Fensterklappe, die nur noch in einer Angel hängt; Kinder: helfen ihren Eltern im Haushalt und in der Werkstatt – betteln für sich und ihre Eltern; politischer Einfluss: kämpfen erfolgreich darum – haben keinen Einfluss; Kriegsfall: kämpfen für ihre Stadt – greifen ebenfalls zu den Waffen, wenn sie dazu in der Lage sind; Wünschen: Wohlstand und gesellschaftlicher Aufstieg – Nahrung, Kleidung, Wohnung (Grundbedürfnisse)

Didaktische Anregungen: Wer zählt heute zur Ober-, Mittel- und Unterschicht?

Seite 47: Handwerker und Zünfte

Lösungen: **1** a) Z; b) U; c) N; d) F; e) T; f) Z; g) W; h) A; i) N; j) G. Lösungswort: Zunftzwang
2 Die Handwerker lieferten einwandfreie Waren zu einem festen, wenn auch relativ hohen Preis. Da es unter ihnen keinen Wettbewerb gab, hatten sie Zeit für politische, religiöse, kulturelle und soziale Aufgaben. Andererseits behinderten die Zünfte den Fortschritt. So hieß es in einer Zunftordnung: „Erfinde nichts Neues."

Infos: Zunftzwang: Nur wer Mitglied in einer Zunft war, durfte ein Gewerbe ausüben. (Gegensatz: Gewerbefreiheit). Die meisten Zünfte hatten einen Schutzheiligen, dessen Namenstag mit einem großen Bankett gefeiert wurde. Die Goldschmiede verehrten Bischof Eligius, der selbst ein Goldschmied gewesen war, die Friseure die heilige Magdalena wegen ihrer langen Haare, die Schlosser den Himmelswächter Petrus und die Schornsteinfeger den heiligen Florian.

Didaktische Anregungen: Kannst du heute jeden Beruf ergreifen, den du willst?

Seite 48: Lehrjahre sind keine Herrenjahre

Lösungen: **1** Ausbildung – Jahren – Meisters – Brennholz – Herrenjahre – Prüfung – Wanderschaft – Meister – Goldschmied **2** Ein Junge wird an einer Domschule angemeldet. Der Vater hält den Beutel mit dem Schulgeld in der Hand.

Didaktische Anregungen: Warum brauchen wir kein Schulgeld zu bezahlen?

Seite 49: Die Frau hat dem Mann zu gehorchen

Lösungen: **1** „Mündig werden" heißt, des elterlichen Schutzes nicht mehr zu bedürfen, also selbstständig bzw. erwachsen zu sein. **2** Die Frau kauft ein. – Frauen helfen bei der Armenspeisung. – Die junge Frau näht. **3** Mann: Die Frau hat sich um den Haushalt und die Kinder zu kümmern. Außerdem darf sie karitative Aufgaben übernehmen. In einem Betrieb zu arbeiten, ist nur in Ausnahmefällen zu billigen.

Infos: Die Gleichstellung von Mann und Frau ist ein Problem unserer Zeit, nicht eines des Mittelalters.

Didaktische Anregungen: Sind Frauen den Männern heute wirklich gleichgestellt?

Seite 50: Taler und Dukaten

Lösungen: **1** Die Münzen von links nach rechts: Kreuzer – Gulden – Heller – Dukaten – Taler. **2** „Gulden" leitet sich von „golden" und „Dollar" von „Taler" ab. **3** Mit der Waage wurde geprüft, ob die Münzen das erforderliche Gewicht hatten.

Didaktische Anregungen: Geldwährungen verschiedener Länder.

Seite 51: Der „Schwarze Tod"

Lösungen: **1** Beulen – Erkrankten – Durst – Leichen – Totengräber – Fenster – Land – Strafe – Peitschen – Juden – Ausschreitungen **2** Geißler sind Männer, die mit nacktem Oberkörper durch Städte ziehen und sich gegenseitig den Rücken blutig schlagen. Mit ihrer Geißelung wollen sie Buße tun und Gott besänftigen.

Didaktische Anregungen: Wozu sind Schutzimpfungen gut?

Seite 52/53: Gemeinsam sind wir stark

Lösungen: **1** Reval, Riga, Danzig, Stettin, Lübeck, Hamburg, Bergen, Bornholm, Stockholm, Visby **2** HB = Bremen; HGW = Greifswald; HH = Hamburg; HL = Lübeck; HRO = Rostock; HST = Stralsund; HWI = Wismar (das H steht für Hansestadt). **3** Fisch: Bornholm, Bergen; Wolle: London, Riga, Reval; Holz: Schweden, Breslau; Tuche: Brügge, Köln; Salz: Braunschweig; Felle: Novgorod, Bergen, Krakau **4** Salz war viel zu wertvoll, um vereiste Straßen aufzutauen. Außerdem bestand dazu keine Notwendigkeit. **6** Schiffstransporte waren wesentlich billiger und schneller. **7** Schiffe konnten in Seenot geraten und von Piraten überfallen werden.

Infos: Die Hanse stellte eine bedeutende Macht dar. Sie verhandelte mit Fürsten, führte Kriege und befreite die Nord- und die Ostsee von den Piraten.

Didaktische Anregungen: Der Seeräuber Klaus Störtebeker! (Er wurde mit rund 30 Gefährten enthauptet. Nach der Legende hatte man ihm versprochen, alle Männer am Leben zu lassen, an denen er nach seiner Enthauptung vorbeiging. Elf Männer passierte der kopflose Störtebeker, bevor ihm der Henker ein Bein stellte.)

Seite 54/55: Wir wollen mindere Brüder sein

Lösungen: **1** Mittelalter – Ehre – Tätigkeiten – Henker – Kinder – Gewerbe – Randgruppe – Stadtmauer **2** Franz von Assisi war der Sohn eines reichen Kaufmanns, der ein Leben in Armut führte. Er gründete den Bettelorden der Franziskaner. **3** Er warf der Kirche vor, mehr nach Geld und Einfluss zu streben als danach, Gott zu dienen. **4** Den Mönchen hielt er vor, sich den Menschen entfremdet zu haben. **5** Das Bild zeigt, wie Franziskus den Vögeln predigt.

Infos: Franz von Assisi wurde zwei Jahre nach seinem Tod heiliggesprochen (1228).

Didaktische Anregungen: Was hältst du von den Franziskanern?

Seite 56: Judenpogrome

Lösungen: **1** Christoph, ein Christ, stiehlt acht Hostien. – Er verkauft die Hostien an die Juden. – Die Hostie blutet, als der Jude sie durchsticht. – In Passau werden Juden gefangen genommen. – Zwei werden mit Zangen gefoltert. – Die Juden werden verbrannt.

Infos: In den meisten Liturgien wird die Hostie nach der Wandlung „Leib Christi" genannt.

Didaktische Anregungen: Was weißt du über das Verhältnis von Juden und Christen?

Seite 57: Fragen und Antworten

Lösungen: **1** a) Pogrom; b) Mauer; c) Färber; d) Kontor; e) Böttcher; f) Lepra; g) Schule; h) Hanse; i) Zünfte; j) Patrizier
Lösungswort: Marktplatz

Didaktische Anregungen: Die Schülerinnen und Schüler stellen Wissensfragen zum Kapitel.

Seite 58: **Neues Denken – Neue Welt**

Didaktische Anregungen: Die Schülerinnen und Schüler sprechen über Entdeckungen und Eroberungen.

Seite 59: Wissenschaftliches Vorgehen

Lösungen: **1** Kopernikus erkannte, dass sich die Erde und andere Planeten um die Sonne drehen. **2** Kopernikus' Erkenntnisse widersprachen den Lehren der Kirche. Der Wissenschaftler musste mit Repressalien rechnen. **3** Die Mediziner wollten wissen, wie es im Inneren des Menschen aussah. **4** Die Kirche hatte das Sezieren verboten. Der Mensch – ein Ebenbild Gottes – durfte nicht aufgeschnitten werden. **5** Einige Wissenschaftler, die nicht widerriefen, wurden als Ketzer verbrannt.

Infos: Der Mensch der Frühen Neuzeit wird als realistisch, unternehmungslustig, wissbegierig, ehrgeizig und selbstbewusst beschrieben, aber auch als skrupellos und brutal – alles Eigenschaften, die auf erfolgreiche Kaufleute ebenfalls zutreffen. Daher verwundert es nicht, dass die moderne Lebenseinstellung zuerst in den Städten aufkam.

Didaktische Anregungen: Glaube und Wissenschaft

Seite 60: Leonardo da Vinci – ein Universalgenie

Lösungen: **1** Siehe rechts.
2 Der Entwurf zeigt einen Fallschirm. **3** Mona Lisa
4 Neuzeit – Schriftsteller – Klosterbibliotheken – Zeit – Renaissance – Nachnamen – Leonardo

Didaktische Anregungen: Was ist ein Universalgenie?

H	U	B	S	C	H	R	A	U	B	E	R			
									R	A	K	E	T	E
		S	C	H	L	E	U	S	E					
									N					
			F			K	R	A	N					
			A		F	A	L	L	S	C	H	I	R	M
			H	D	R	U	C	K	P	U	M	P	E	
			R						I					
			R		S	C	H	L	E	U	D	E	R	
		T	A	U	C	H	E	R	G	L	O	C	K	E
			D						E					
									L					

Seite 61: Die ersten Universitäten

Lösungen: **1** Der Student in der zweiten Reihe stützt seinen Kopf mit der Hand ab und träumt. In der Reihe dahinter schreibt einer, während ein anderer ein Nickerchen macht und zwei Burschen sich angeregt unterhalten. **2** (Die Namen der Universitätsstädte sind oben auf Seite 61 aufgeführt.)

Infos: Die Miniatur aus dem „Liber ethicorum des Henricus de Allemania" stammt aus dem 14. Jahrhundert. Laurentius de Voltolina hat sie gemalt.

Didaktische Anregungen: Studieren oder eine Ausbildung machen?

Seite 62: Hexen

Lösungen: **1** a) F; b) O; c) L; d) T; e) E; f) R; Lösungswort: Folter **2** Es muss heißen: c) Frauen seien besonders anfällig für das Böse sowie d) … erhielt keinen fairen Prozess. **3** Wegen des unheilvollen Kreislaufs „denunzieren – verhören – foltern – denunzieren" zog ein Hexenverfahren das andere nach sich. Außerdem war die Hexenverfolgung eine lukrative Angelegenheit, wurde doch das Hab und Gut der Verurteilten eingezogen.

Infos: Die Behauptung, Frauen seien besonders anfällig für das Böse, wird mit der Rolle Evas beim „Sündenfall" im Paradies untermauert.

Didaktische Anregungen: Wie wird heute eine Gerichtsverhandlung geführt?

Seite 63: Niedergang der Ritter

Lösungen: **1** Die Ritter haben ein Dorf überfallen. Sie rauben, morden und verschleppen Bauern. **2** z. B.: „Der Überfall" oder „Raubritter". **3** Wegen der Feuerwaffen verlieren die Ritter ihre militärische Bedeutung.

Infos: Seit Beginn des 15. Jahrhunderts setzte sich die Feuerwaffe durch. Die ersten Kanonen (von italienisch canna = großes Rohr) wurden noch aus einzelnen Teilen zusammengesetzt. Erst später lernte man, Rohre aus einem Stück zu gießen.

Didaktische Anregungen: Söldner ersetzen Ritter.

Seite 64/65: Geld darf nicht im Kasten ruhen

Lösungen: **1** Der Weber händigt seine Produkte für einen festgesetzten Betrag einem Unternehmer aus, der ihm das Garn und vielleicht auch den Webstuhl zur Verfügung gestellt hat. **2** Der Weber braucht sich nicht um den Ankauf von Garn und um den Absatz seiner Produkte zu kümmern. Dafür ist er völlig abhängig vom Verleger. **3** Ofen = Budapest (Ungarn); Craca = Krakau (Polen); Antorff = Antwerpen (Belgien); Venedig = Venedig (Italien); Mayland = Mailand (Italien); Inspruck = Innsbruck (Österreich); Nurenberg = Nürnberg (Deutschland); Lisbona = Lissabon (Portugal) **4** z. B. 1) Die Fugger richten Expeditionen aus, um Handelsplätze in Übersee zu erkunden. Sie errichten dort Filialen, kaufen Gewürze und Rohstoffe und verkaufen Fertigwaren aus Europa. 2) Die Fugger erwerben Anteile an anderen Handelshäusern oder vergeben Darlehen. So erhalten sie Beteiligungen am Gewinn oder Zinsen. 3) Die Fugger beschäftigen Handwerker und zahlen ihnen Lohn pro gefertigtes Stück. Als großer Auftraggeber können sie die Preise festlegen. Ausfälle z. B. aufgrund von Krankheit gehen zu Lasten der Handwerker.

Infos: Die Fugger unterstützten die Wahl Karls V. zum Kaiser, indem sie dem Habsburger riesige Geldsummen liehen.

Didaktische Anregungen: Wie wurde Bill Gates zu einem der reichsten Männer der Welt?

Seite 66/67: Bewegliche Lettern verändern die Welt

Lösungen: **1** Das Verfahren war sehr aufwändig. Außerdem zerbrachen häufig die Holzplatte oder Teile davon. 2 Setzkästen – Setzer – Lettern – Gesellen – Druckerschwärze – Drucker – Presse – Lehrling – Abzug – Herr **3** Beim Drucken drückt ein Gewicht das Papier auf den eingefärbten Satz. **4** Der Setzer setzt aus Metalllettern die Druckvorlage zusammen. Der Drucker stellt den Abdruck her und der Schriftgießer im Gussverfahren die Lettern. Der Buchbinder verbindet die Seiten zu einem Buch. **5** Der Mann stellt Papier her. **6** Papiermacher oder Papierer **7** Die Zünfte nahmen nur selten neue Mitglieder auf und „Pfuschern" legten sie das Handwerk. Da die Handwerker der Buchdruckereien keinen Zünften angehörten, wurde ihre Anzahl auch nicht künstlich begrenzt.

Didaktische Anregungen: Warum heißt ein Unternehmen, das Bücher herstellt, Verlag?

Seite 68: Osmanen stören den Fernhandel

Lösungen: **1** Europa bezog aus Arabien: Gewürze; aus Persien: Teppiche, Seide und Wolle; aus Indien: Gold, Indigo, Baumwolle, Diamanten, Pfeffer und Zimt; aus Hinterindien: Elfenbein und Edelsteine sowie von den Malaiischen Inseln: Diamanten und Gewürze.

Didaktische Anregungen: Warum sind die meisten Gewürze heute so preiswert?

Seite 69: Seemannsgarn

Lösungen: **2** Der König hoffte, den Seeweg nach Indien zu finden.

Didaktische Anregungen: Geschichten von Käpt'n Blaubär

Seite 70: Land in Sicht!

Lösungen: **1** Für die Spanier waren die Eingeborenen Menschen zweiter Klasse, die prädestinierten Diener und Hilfsarbeiter. **2** Die Einwohner Amerikas heißen Indios und Indianer, weil man noch lange Zeit geglaubt hatte, in Indien gelandet zu sein. **3** (Männer sind gekommen, die sehen ganz blass aus und schützen ihren Körper mit Kleidung. Teilweise tragen sie harte Platten, die im Sonnenlicht wie Gold glänzen).

Didaktische Anregungen: Wie kam Kolumbus dazu, die Inseln für die spanische Krone in Besitz zu nehmen?

Seite 71: Entdeckungsfahrten

Lösungen: **2** Vier Fahrten **3** Vasco da Gama **4** Magellans Flotte segelte von Spanien über den Atlantik nach Südamerika, um dessen Südspitze, über den Pazifischen Ozean zu den Philippinen, über den Indischen Ozean, um das Kap der Guten Hoffnung, an der Westküste Afrikas entlang nach Spanien. **5** Bei dem Seefahrer handelt es sich um Cartier, der als Einziger nordamerikanische Indianer gesehen haben könnte.

Infos: Kapitän Amerigo Vespucci soll bereits 1504 geäußert haben, dass die neuen Länder einen bisher unbekannten Kontinent bildeten. Der Geograph Martin Waldseemüller nannte ihm zu Ehren den nördlichen Teil des „neuen" Kontinents Amerika.

Didaktische Anregungen: Auf den Schiffen der Entdecker kam es manchmal zu Meutereien.

Seite 72: Den Entdeckern folgten die Eroberer

Lösungen: **1** Adler – Azteken – Mexiko – Tenochtitlán – Stämme – Staat – Kriegsgefangene – Sonnengott **2** Die Konquistadoren waren den Azteken waffentechnisch weit überlegen. Außerdem wurden sie von indianischen Stämmen teils freiwillig, teils gezwungenermaßen unterstützt.

Infos: Die Azteken hielten Cortés für einen Gott, der nun zurückgekehrt sei.

Didaktische Anregungen: Weshalb haben die Konquistadoren die indianischen Hochkulturen angegriffen?

Seite 73: Pizarro erobert das Inkareich

Lösungen: **1** Durchstreichen: sind die Alpen – um nicht den Hang herunterzurutschen – mit eisernen Grabstöcken – Getreide – das Pferd – an der Nase – schlossen mit Atahualpa einen Freundschaftsvertrag – weil er ihnen nicht eine Kammer mit Gold füllen ließ – Bottrop
Lösungswort: Kartoffel

Infos: Erst 1572 erlosch der letzte indianische Widerstand.

Didaktische Anregungen: Warum dauerte es wesentlich länger, die Inkas zu unterwerfen als die Azteken?

Seite 74: Kartoffeln und Pferde

Lösungen: **1** Von oben nach unten: Orchideen, Tomaten, Baumwolle, Kartoffeln, Kakao, Mais, Tabak, Erdnüsse

Didaktische Anregungen: Tabak: Von der Heilpflanze zum Suchtmittel.

Seite 75: Afrikanische Sklaven für Amerika

Lösungen: **1** (Besonders erschüttert wohl, dass die Weißen dem Gehängten das Kreuz zwischen die Hände drückten.)
2 Das Bild zeigt eine Zuckerrohrplantage. **3** Die Europäer haben ihre Technik (Windmühle) und ihre Herrschaftsformen mit nach Amerika genommen.

Didaktische Anregungen: Warum durften die Kolonien nur Rohstoffe nach Europa liefern? Welche Folgen hatte das für die Kolonien später?

Seite 76/77: Seeweg mit Hindernissen

Lösungen: **1** Vasco da Gama wollte nach Indien. **2** Skorbut **3** Weitere Probleme der langen Seereise: Langeweile, Flaute (Stiller Ozean!), Stürme, Meuterei, Piraten, Havarien. **4** Damals kannte man die Ursache von Skorbut noch nicht. Außerdem hielten sich frisches Obst und Gemüse nicht lange. **5** Sauerkraut ist ein mit Salz konservierter Weißkohl. Es gilt international als deutsches Nationalgericht.

Infos: Frischer Weißkohl kommt, in feine Streifen geschnitten, in einen Topf. Mit einem Krautstampfer wird er so lange bearbeitet, bis der Saft austritt und den Kohl bedeckt. Salz wird hinzugegeben. Wichtig: Die Lake muss während der Gärung, die circa vier bis sechs Wochen dauert, den Weißkohl bedecken (s. http://de.wikipedia.org/wiki/Sauerkraut).

Didaktische Anregungen: Gibt es heute ähnliche Projekte, die sich mit den Entdeckungsfahrten vergleichen lassen? (Erkundung des Weltraums)

Seite 78: Kurfürsten wählen den König

Lösungen: **1** Königs- oder Kaiserurkunden hatten oft ein „goldenes Siegel" (siehe S. 35), das auf Lateinisch bulla aurea heißt, woraus dann „Goldene Bulle" wurde. **2** Erste Zeile: Erzbischof von Trier, König von Böhmen, Markgraf von Brandenburg; zweite Zeile: Erzbischof von Mainz, Pfalzgraf bei Rhein; dritte Zeile: Erzbischof von Köln, Herzog von Sachsen-Wittenberg. **3** Simonie = ein geistliches Amt (ver)kaufen; Investitur = in ein geistliches Amt einsetzen; Vasall = Lehnsmann; Lehen = Amt oder Land, das jemand auf Lebenszeit erhält, um es zu nutzen; Kurfürst = Fürst, der den König wählt; Graf = Stellvertreter des Königs bei der Verwaltung eines Gebiets.

Infos: Simonie leitet sich von Simon ab, der als Zauberer umherzog und laut Apostelgeschichte 8, 5–24 von Petrus und Johannes die Macht kaufen wollte, Wunder zu tun.

Didaktische Anregungen: Warum hatte Deutschland so viele kleine „Hauptstädte"?

Seite 79: Fragen und Antworten

Lösungen: **1** a) Kopernikus; b) Fugger; c) Bologna; d) Atahualpa; e) Mona Lisa; f) Kolumbus; g) Osmanen; h) Lama; i) Hexen; j) Buchdrucker; k) Verleger
Lösungswort: Renaissance

Didaktische Anregungen: Schülerinnen und Schüler stellen Wissensfragen zum Kapitel.